Individu et sujet
en Occident

Collection Essais

Dépôt légal – Novembre 2024
© Rhuthmos, 2024 – N° Siret : 81094682200014
14 A, rue Notre-Dame-de-Nazareth, 75003 Paris
ISSN : 3074-7759
ISBN : 979-10-95155-38-6
Impression : KDP/ICN

PASCAL MICHON

Individu et sujet en Occident

Pour une anthropologie historique rhuthmique

Rhuthmos

2024

DU MÊME AUTEUR

Individu et sujet en Occident. 2. Dumont, Elias, Meyerson, Vernant, Rhuthmos, 2024.

Individu et sujet en Occident. 1. Mauss, Huizinga, Groethuysen, Rhuthmos, 2024.

Problèmes de rythmanalyse, 1, Rhuthmos, 2022.

Problèmes de rythmanalyse, 2, Rhuthmos, 2022.

Elements of Rhythmology. 5. A Rhythmic Constellation. The 1980s, Rhuthmos, 2021.

Elements of Rhythmology. 4. A Rhythmic Constellation. The 1970s, Rhuthmos, 2021.

Elements of Rhythmology. 3. The Spread of Metron. *From the 1840s to the 1910s,* Rhuthmos, 2019.

Elements of Rhythmology. 2. From the Renaissance to the 19th Century, Rhuthmos, 2018.

Elements of Rhythmology. 1. Antiquity, Rhuthmos, 2018.

Rythmologie baroque. Spinoza, Leibniz, Diderot, Rhuthmos, 2015.

Marcel Mauss retrouvé. Origines de l'anthropologie du rythme, Rhuthmos, 2015.

Fragments d'inconnu. Pour une histoire du sujet, Paris, Le Cerf, 2010.

Les Rythmes du politique. Démocratie et capitalisme mondialisé, Rhuthmos, 2015. [1re éd., Les Prairies ordinaires, 2007]

Rythme, pouvoir, mondialisation, Rhuthmos, 2016. [1re éd., PUF, 2005].

Poétique d'une anti-anthropologie. L'herméneutique de Gadamer, Paris, Vrin, 2000.

Sommaire

Ce texte est la conclusion d'une étude détaillée des trois modèles de l'histoire de l'homme occidental proposés par Louis Dumont, Norbert Elias et Ignace Meyerson puis Jean-Pierre Vernant.[1] L'analyse a montré la prégnance, dans les travaux scientifiques développés au XXe siècle, du paradigme dualiste historiciste mis en place au précédent, mais aussi la présence discontinue, fragile mais pas moins féconde, d'enquêtes fondées sur ce que l'on pourrait appeler un historisme non relativiste. En dépit de leurs intermittences et d'une certaine instabilité épistémologique, l'existence même de ces dernières confirme la possibilité de développer ce que l'on pourrait appeler une *anthropologie historique rhuthmique de l'individu et du sujet*, c'est-à-dire une approche qui allie le souci des spécificités historiques de leurs formes fluantes à la reconnaissance de leur universalité, sans laquelle toute science de l'homme ou de la société ne peut que tomber dans le relativisme. J'en aborderai ici successivement les aspects épistémologiques, méthodologiques, conceptuels, historiques, enfin éthiques et politiques.

---

1. P. Michon, *Individu et sujet en Occident. 2. Dumont, Elias, Meyerson, Vernant* , Rhuthmos, 2024.

1. Des structures épistémiques aux manières de fluer de la pensée

Dans les années 1960, Kuhn et Foucault ont popularisé l'idée selon laquelle les sciences de la nature, pour le premier, et les sciences de l'homme, pour le second, ne se développent pas de manière progressive et linéaire, comme on le pensait jusque-là. Elles produiraient, au contraire, leurs savoirs en fonction d'un « modèle scientifique normal » ou d'une « épistémè » fixant, durant une période donnée, des conditions épistémologiques relativement stables. La science évoluerait donc par bonds, au gré de « révolutions scientifiques » ou de « coupures épistémiques » successives.

Les analyses qui ont été menées à propos des travaux de Dumont, Elias et Vernant confirment des conclusions auxquelles on était arrivé en analysant d'autres parcours de pensée. Tout d'abord, ceux des fondateurs des trois grandes stratégies scientifiques qui ont dominé le XXe siècle, l'holisme, l'individualisme méthodologique et la philosophie de la temporalité historique : Durkheim, Weber et Dilthey ; puis, ceux de certains de leurs successeurs directs qui, durant l'entre-deux-guerres, ont commencé à introduire en anthropologie, en histoire et en philosophie un point de vue anthropologico-historique : Mauss, Huizinga, Groethuysen[1] ; enfin, ceux d'une pléiade de penseurs de la première moitié du XXe du siècle, qui se sont intéressés à un concept fondamental pour cette nouvelle discipline, le rythme : Mauss de nouveau[2], Evans-Pritchard, Granet, Tarde, Freud, Mandelstam, Kracauer, Benjamin, Tchakhotine et Klemperer.[3]

Toutes ces analyses convergent et montrent un fonctionnement de la pensée scientifique sensiblement différent de ce que décrivaient Kuhn et Foucault, au moins pour ce qui concerne les sciences sociales et humaines. Si l'on observe celles-ci du point de vue dynamique du discours et non plus du point de vue de l'énoncé et de la structure, on s'aperçoit que des travaux produits au cours d'une même époque, peuvent faire jouer des modèles scientifiques radicalement différents, voire opposés. On se rend compte, également, qu'une recherche scientifique particulière n'est pas prisonnière de conditions *a priori* qui lui imposeraient des cadres indépassables et que des percées inédites lui sont toujours possibles. Mais on voit aussi qu'après avoir apporté de nouveaux résultats, proposé de nou-

1. P. Michon, *Individu et sujet en Occident. Mauss, Huizinga, Groethuysen, vol. 1*, [1999], Paris, Rhuthmos, 2024.

2. P. Michon, *Marcel Mauss retrouvé. Origines de l'anthropologie du rythme*, [2010], Paris, Rhuthmos, 2015.

3. P. Michon, *Rythme, pouvoir, mondialisation* [2005], Paris, Rhuthmos, 2016.

veaux concepts et assuré un renouvellement de quelques problèmes, elle peut toujours revenir, lorsqu'elle est confrontée à un certain nombre de questions fondamentales situées dans l'un de ses angles morts, vers des positions antérieures – en l'occurrence ici un dualisme historique, sociologique et anthropologique –, qu'elle a pourtant elle-même rejetées explicitement en première instance.

Sans que ces positions soient données *a priori*, il y a donc bien une certaine pesanteur des modes de pensée qui parfois les font perdurer et leur donne l'aspect de manières de pensée dominantes. Toutefois, comme le montre le cas du paradigme dualiste que l'on retrouve dans un très grand nombre des histoires de l'individu et du sujet, ces modes de pensée ne fonctionnent pas comme des *cadres logiques* ou *paratranscendantaux* mais plutôt comme des *puissances sémantiques* plus ou moins efficientes, qui font, éventuellement et à des degrés différents à chaque fois, dévier une pensée de ses objectifs si la sémantique qui leur est opposée n'est pas assez puissante.

Plutôt que de tenter de reconstituer une « forme de science normale » ou une « structure épistémique » commune à toute une époque, qui définirait les conditions de possibilité de toute pensée quelle qu'elle soit, il semble donc plus pertinent d'analyser la *manière de fluer*, le *rhuthmos*, de chacune des pensées particulières qui nous intéressent, en mettant au jour les solutions qu'elle apporte *aux problèmes qu'elle partage avec ses contemporaines ou qu'elle se pose à elle-même* et, éventuellement, *les points de rebroussement* à partir desquels elle revient vers des conceptions pourtant condamnées au départ. En la comparant ainsi à elle-même, à ses buts explicites propres, d'une part, on n'a pas besoin de recourir à des critères de jugement transcendantaux, de l'autre, cela évite de se perdre dans des reconstructions d'entités historiques – structures ou épistémès – dont on ne connaît ni le statut ontologique précis ni les modes de transformation. On peut ainsi évaluer des manières de faire fluer la pensée par rapport à leurs propres objectifs, tout en les comparant les unes avec les autres quand certains objectifs sont communs.

Ce n'est pas d'ailleurs qu'il faille abandonner le terme même de *paradigme*, qui avait chez Saussure une connotation dynamique largement oubliée par la suite. Comme on commence à le comprendre, *le rythme*, précisément, semble se constituer aujourd'hui en un nouveau paradigme, certes minoritaire et qui a bien du mal à se faire reconnaître, où les branchements et les dispositifs épistémologiques locaux conservent une certaine spécificité, tout en ayant des caractéristiques proches et transposables du fait qu'ils participent d'une *dynamique épistémologique commune*. Ce paradigme est, en ce sens, lui-même passible d'une description *rhuthmique* :

il semble se composer de dispositifs variés mais qui sont dans le même temps portés et transformés par l'émergence en leur sein de la question des *rhuthmoi* c'est-à-dire des manières de fluer. Il ne constitue donc pas tant un nouveau cadre ou une structure *a priori* qu'*une nouvelle manière, à la fois commune et diversifiée, de faire fluer la pensée.*[1]

1. P. Michon, « Vers un nouveau paradigme scientifique : le paradigme rythmique ? », Ch. Doumet & A. Wald Lasowski (dir.), *Rythmes de l'homme, rythmes du monde*, Hermann, Paris, 2010, pp. 151-198 ; –, « Sommes-nous en train d'assister à l'émergence d'un nouveau paradigme scientifique : le paradigme rythmique ? » [2011], J. Lamy & J.-J. Wunenburger (dir.), *Rythmanalyse(s). Théorie et pratique du rythme. Ontologie, définitions*, variations, Lyon, Jacques André éditeur, 2018 et http://rhuthmos. eu/spip.php?article342 ; –, « Could Rhythm Become a New Scientific Paradigm for the Humanities? » [2016], P. Crespi & S. Manghani (ed.), *Rhythm and Critique. Technics, Modalities, Practices*. Edinburgh, Edinburgh University Press, 2020, pp. 20-29 et https://www.rhuthmos.eu/spip. php?article2543.

2. Vers une anthropologie historique
rhuthmique

Depuis la fin du XIXe siècle, de nombreuses voix se sont élevées pour condamner les approches historiques de l'homme occidental reposant sur un schématisme logique, que celui-ci soit dérivé d'une philosophie spiritualiste, comme chez Hegel ou dans l'historicisme allemand, d'un matérialisme économique, comme chez Marx, d'un monisme naturaliste, dans les modèles évolutionnistes et positivistes, comme chez Spencer et Comte, ou d'un vitalisme morphologique comme chez Spengler. Des historiens, des philosophes, des sociologues et des anthropologues ont tour à tour souligné le fait que cette histoire ne saurait être réduite à une incarnation progressive de l'Esprit, à un développement automatique des Forces productives, une évolution naturelle de l'Homme, ou encore aux cycles universels de croissance et de déclin des Civilisations.

— Comme l'ont montré l'analyse de l'historiographie dominante au XXe siècle puis celle des travaux de Louis Dumont, ce schématisme historiciste reste malheureusement encore très présent dans la littérature scientifique contemporaine et un siècle de critique n'a pas suffi à le déraciner. C'est pourquoi toute histoire de l'individu et du sujet doit commencer par une critique détaillée et radicale de ce type de modèle historique, qui constitue pour elle un véritable *obstacle épistémologique*, au sens de Bachelard.

Certes, Dumont substitue aux facteurs spiritualiste, économique, naturaliste ou morphologique trop décriés de l'historicisme classique l'action anti-hiérarchique et individualisante des « valeurs » ou de l'« idéologie » christiques. Mais cette réfection anthropologique de la pensée historiciste n'en change pas le fond. L'« histoire » de l'individualisme qu'il en tire a à peu près autant de qualités historiques que celle de la Raison ou de l'Esprit chez Hegel ou que celle des Civilisations chez Spengler. Elle est en fait simplement déduite d'une opposition structurale binaire entre sociétés dites « modernes » et sociétés dites « traditionnelles » et ne se soutient que d'une survalorisation du facteur religieux. Or, les raisons ne manquent pas pour rejeter l'une et l'autre de ces prémisses : tout d'abord, de très nombreuses sociétés échappent à cette classification dualiste, il y a bien des différences dans les sociétés traditionnelles comme dans les sociétés modernes, et donc bien des différences dans les formes d'individuation et de subjectivation qui y prolifèrent – Spengler, qui est un des derniers penseurs historicistes à avoir pratiqué ce genre de synthèse comparative distinguait lui-même au moins huit types de « civilisation » ; ensuite, le récit qui en est tiré est à la fois très incomplet et truffé d'erreurs, il oublie tous les facteurs non religieux et interprète les faits de manière téléologique ; enfin, leurs corollaires éthiques et politiques réactionnaires sont plus que contestables. Comme pour Spengler qui voyait en lui, avec le matérialisme, le scientisme et l'hédonisme, l'une des sources du « déclin de l'Occident », la vérité tragique de la modernité se trouverait dans son rejet du religieux.

— Norbert Elias a abordé la question d'une tout autre manière. J'en ai rappelé dans l'étude principale les principaux acquis historiques, dont l'inventaire a montré la portée. Je ne reviens pas dessus. Je voudrais souligner ici quelques grands apports théoriques de sa sociologie historique.

Le premier tient à ce qu'Elias a toujours pris garde de ne pas tomber dans un empirisme à courte vue, un historisme relativiste pour lesquels il n'y a que des perspectives, ou l'une des multiples formes d'antihistoricisme radical fondées sur l'essentialisation de la temporalité, qui ont fleuri au XXe siècle et se propagent de nos jours à la vitesse de l'obscurité. À ses yeux, si tous les mythes linéaires qui ont longtemps structuré les récits concernant l'histoire de l'individu et du sujet doivent être abandonnés, l'historien n'est pas condamné à décrire, sans aucun espoir de les relier les unes aux autres, des monades toutes différentes, ni à se contenter d'identifier une liste infinie de points de vue sur la vie, ni à faire la chronique d'une poussière d'actes et de dires qui ne posséderaient jamais aucune organisation. Certes l'histoire, qui est toujours susceptible de voir apparaître du nouveau et de l'inouï, ne peut jamais être totalisée, finalisée, et donc réduite à une procession linéaire guidée par un principe unique. Mais cela ne signifie en rien qu'elle soit dénuée de toute forme d'organisation locale comme globale.

Avec la « physiologie sociale » de Mauss, le « fonctionnalisme dynamique » d'Elias constitue l'une des toutes premières tentatives de sortir de cette pince théorique en développant une étude de type *rhuthmique*. Dans les systèmes sociaux, chaque « coup » joué par un participant transforme, ne serait-ce que de manière infinitésimale, l'entièreté du système. Ni les unités élémentaires agissantes, ni le fond systémique dans lequel elles agissent ne sont immuables. Leurs transformations ne relèvent donc pas du concept de « loi ». Mais on peut malgré tout y repérer des « règles » plus ou moins stables ou une causalité globale impliquant, à la fois, les transformations des systèmes sociaux et celles de tous les sous-systèmes les constituant par leurs interactions. Il est ainsi possible d'identifier non seulement des transformations à moyenne portée des collectifs et des singuliers qui y participent, mais aussi des grandes tendances évolutives relativement régulières résultant de l'entrelacement de processus sociologiques, politiques et anthropologico-historiques, comme la diversification et l'allongement des chaînes d'interaction sociales, le développement progressif de la puissance étatique et le renforcement du contrôle de soi – ce qu'il nomme de manière datée, mais à double sens, la « civilisation des mœurs ».

Le travail d'Elias constitue, en ce sens, un excellent antidote contre les explications mono-causales simplistes de l'historicisme mais aussi contre les entreprises antihistoricistes d'esprit néonietzschéen et néoheideggérien qui, d'une manière d'ailleurs cohérente avec leurs prémisses, se multiplient aujourd'hui en une poussière de contributions sans liens les unes avec les autres. Il indique à la sociologie, à l'anthropologie, à l'histoire mais aussi à la philosophie, une voie qu'elles ont rarement empruntée au cours de ces deux derniers siècles : celle qui reconnaît à la fois pleinement la *radicale historicité des êtres humains et de leurs sociétés*, mais aussi le fait que cette radicale historicité, loin de ne signifier qu'un empire de la prolifération, de l'aléa ou de la dispersion, implique toujours la *constitution d'organisations fluantes qu'il est tout à fait possible de décrire*.

Pour saisir ces organisations fluantes, ces *rhuthmoi*, Elias a développé une méthodologie tout à fait remarquable. Il part, sur ce point, de la leçon herméneutique de Dilthey. Dans la mesure où l'histoire est à la fois dynamique, complexe, hétérogène, ouverte *et* organisée suivant des règles ou des lignes de forces intelligibles, il faut rejeter toute approche unilatérale, adopter alternativement la perspective de la longue durée et de l'espace le plus large, et celle opposée partant du fourmillement des événements. Il faut entretenir un cercle vertueux qui permettra de les enrichir l'une par l'autre. Mais il va aussi un peu plus loin que Dilthey. La pensée doit adopter alternativement une perspective englobante sur les unités locales et une perspective partielle sur l'unité globale, sans jamais abandonner la force du point de vue systémique. Autrement dit, elle doit elle-même se transformer en une configuration fluante de points de vue en tension, c'est-à-dire abandonner non seulement ses rythmes binaires positivistes ou ternaires dialectiques, mais aussi ses rythmes herméneutiques purement circulaires, tous marqués de la faiblesse du formalisme, pour adopter les *rhuthmoi* puissants de la pensée complexe.

Prenant le contre-pied des conceptions historicistes dominantes à son époque, sans toutefois en oublier leur ambition globalisante, Elias a donc plongé dans les archives et développé une véritable recherche historique partant de la multiplicité des expériences et des formes d'individuation, tout en essayant de rendre compte des principales règles qui ont guidé leurs transformations. Il reste, on l'a vu, que cette conception historique n'a pas complètement exorcisé le spectre du dualisme qui la hante et que celui-ci a ressurgi à l'occasion dans des récits dont il était censé avoir été exclu.

Son principal défaut, celui qui nous empêche de reprendre à notre compte en bloc tous les résultats de sa recherche, tient à la confusion qu'elle entretient entre l'histoire de l'individu et celle du sujet. Pour lui, celui-ci ne désigne que la face interne, psychologique, de l'individu sociologique. Comme, selon lui, les formes subjectives et les formes sociales sont en inte-raction constante, les unes et les autres évoluent de manière coordonnée. L'allongement des chaînes d'interaction, la complexité sociale croissante et le ren-forcement de centres de pouvoir toujours plus puis-sants s'accompagnent d'un approfondissement subjec-tif croissant. Du coup, le sujet n'est jamais considéré comme un *sujet d'énonciation*, un *sujet poétique* ou un *agent* et reste vu simplement comme un *moi*, pris entre les forces biologiques et corporelles du *ça* et les normes sociales changeantes intégrées dans le *surmoi*.

L'attention d'Elias portée au langage, qui s'est approfondie à la fin de sa vie, ne l'a pas mené jusqu'à la question des *formes de sujet* par lesquelles les acteurs donnent forme et sens à leurs dires, à leurs actions et, plus généralement, à leur vie. La puissance du langage et ses effets de subjectivation/désubjecti-vation lui sont restés largement méconnus. Par ailleurs, la question du devenir-agent n'a été abordée qu'au niveau des individus collectifs et c'est pourquoi, en dépit du fait qu'il s'est intéressé de très près aux conditions d'émergence de l'État moderne, Elias n'a pu tirer aucune leçon éthique et politique de sa sociologie historique dont il proclamait, d'une manière qui frôle l'illusion positiviste, la totale neutralité.

— Des trois modèles étudiés ici, celui proposé par la psychologie historique est donc probablement le plus fructueux du point de vue d'une *anthropologie historique rhuthmique* de l'individu et du sujet.

Tout d'abord, contrairement aux deux précédents, il pose la question des formes d'individuation et même de subjectivation dans les sociétés dites « traditionnelles », « prémodernes » et même « préchrétiennes ». Ce faisant, il conteste d'emblée le dualisme chronologique, sociologique et anthropologique qui voit, dans les sociétés antérieures à la trop fameuse « rupture de la Renaissance » – ou à toutes les « ruptures » qui ont été imaginées par la suite à son image : en amont, la Naissance de la Modernité au XIVe siècle, la Renaissance du XIIe siècle, la Prédication chrétienne, le « Miracle grec », le Prophétisme hébreu, et en aval, la Réforme, la Révolution scientifique, les Lumières, la Révolution française, la Révolution industrielle, etc. – des sociétés où les singuliers auraient été entièrement dominés par les collectifs et où la subjectivation aurait donc été complètement absente.

Ensuite, la psychologie historique rompt avec tout évolutionnisme historiciste et ne cherche plus à reconstituer une généalogie linéaire remontant par régression de l'individu moderne, considéré arbitrairement comme unitaire, à un geste de rupture initiale avec le monde traditionnel, vu lui aussi comme unitaire. Du coup, elle ne considère plus toutes les autres formes d'individuation et de subjectivation comme de simples obstacles – qu'il serait donc possible de négliger – à l'affirmation progressive de l'individualisme et du subjectivisme modernes occidentaux. Elle combat les présupposés éthiques et politiques impliqués par cette conception selon laquelle l'avenir des sociétés non occidentales serait une « occidentalisation » et une « modernisation » inéluctables et le seul antidote aux dévoiements individualistes et subjectivistes de l'Occident, dénoncé lui comme « postmoderne », un retour à ce que l'on imagine avoir été le « communautarisme » ancien.

Enfin, on a vu comment la psychologie historique a été amenée à enrichir de plus en plus son approche des instances anthropologico-historiques et à en proposer un classement distinguant pour la première fois clairement entre l'individu et le sujet, sans tomber toutefois dans une métaphysique considérant les individus singuliers et collectifs comme des monades sans communication les unes avec les autres. Alors que l'anthropologie comparée ne s'intéressait qu'à l'*individu* et la sociologie historique à l'*individu* et au *moi*, Meyerson a montré, dès 1948, la nécessité d'ajouter à ces deux instances, la *singularité* et l'*agent*, tout en doublant à l'instar d'Elias, l'étude de chacune d'elles par une enquête approfondie sur les *techniques du corps* qui les sous-tendent. Une trentaine d'années plus tard, Vernant a proposé, à son tour, en dépit de quelques hésitations et imprécisions terminologiques, une classification encore plus diversifiée comprenant, d'un côté, toutes les instances relevant de *l'individuation au gré des interactions* (l'*individu engagé*, l'*agent*, le *singulier*, le *privé*) ; de l'autre, toutes celles qui relèvent de ce que l'on peut appeler *l'individuation par retour sur soi* (l'*âme*, le *soi*, le *moi*) ; et entre les deux, ajoutant en quelque sorte au programme d'étude des techniques du *social* et du *corps* celui des techniques du *langage*, les instances qui relèvent de la *subjectivation langagière* – le *sujet d'énonciation*, et de manière moins claire il est vrai, le *sujet poétique*.

Les enquêtes menées sur ces bases, nous l'avons vu dans le corps de l'étude, ne sont pas sans défauts. Certaines sont à peine esquissées ; les connaissances qu'elles produisent ont du mal à s'agréger les unes aux autres ; il leur manque parfois un caractère cumulatif. Meyerson peut défendre un programme à la fois humboldtien et diltheyen, tout en rejetant Humboldt et en ne parlant jamais de Dilthey. De même, si Vernant cite encore quelquefois Groethuysen, celui-ci est de nos jours totalement oublié des praticiens de l'anthropologie historique. Par ailleurs, les hésitations et les rebroussements ne sont pas rares. On a vu avec quelles difficultés et quelles intermittences s'affirme la nécessité de prendre en compte le sujet de l'énonciation et du sujet poétique. On a vu aussi comment Vernant, après avoir proposé une classification des fonctions tout à fait novatrice, en revient, finalement, à un partage dualiste entre l'individu vu comme une entité sociale abordée de l'extérieur, et le sujet de nouveau défini, à l'instar de la philosophie et de la psychologie les plus traditionnelles, comme appartenant au monde intérieur.

Quoi qu'il en soit et en dépit de ces difficultés, le modèle historique proposé par la psychologie historique l'emporte largement sur celui de l'anthropologie comparée, et vient compléter, d'une manière qu'il resterait à analyser, celui de la sociologie historique. Comme Dilthey, Simmel et Groethuysen ont commencé à le faire au cours des premières décennies du XXe siècle, Meyerson et Vernant montrent que l'histoire de l'individu et du sujet est une histoire ramifiée, proliférante et complexe, qui ne peut en aucun cas être réduite aux schémas simplistes qui sont sans cesse repris par les sciences de l'homme et de la société, mais aussi par la philosophie. Au cours de cette histoire, de multiples formes d'individuation et de subjectivation apparaissent, coexistent, se chevauchent, s'hybrident ou disparaissent pendant de longues périodes pour réapparaître parfois à des siècles de distance. Tout cela sans que ces formes ne cessent jamais d'être réactualisées, reliées et déliées, déliées et reliées, par le langage.

Grâce à cette nouvelle anthropologie historique émerge ainsi une conception, fondamentalement pluraliste, proliférante et antidualiste, de l'histoire de l'individuation et de la subjectivation – une conception *polyrhuthmique*.

3. Premières ébauches

Avant de proposer une synthèse des réflexions méthodologiques que nous ont inspirées les travaux d'Elias, Meyerson et Vernant, j'aimerais revenir sur les quelques occurrences du concept de rythme que nous avons rencontrées, chemin faisant, chez ces trois auteurs. Comme on va le voir, la récolte est quantitativement assez maigre, mais elle met au jour un certain nombre de points qui présagent déjà la possibilité de mettre en place une anthropologie historique *rhuthmique*.

— Lors de notre étude du travail d'Elias, nous avons remarqué que l'une des rares références explicites à la question du rythme y est apparue précisément à l'occasion de la présentation du modèle à la fois interactionniste et systémique, chargé de rendre compte de la multiplicité et de l'intrication des facteurs en jeu dans l'histoire de l'individu et du sujet à l'époque contemporaine – comme si la notion de rythme était la mieux à même de répondre à la logique complexe de l'évolutionnisme pluraliste mis au point par Elias pour rendre compte du fonctionnement des sociétés à la fois les plus développées et les plus différenciées.

À l'instar de Mauss et de Benjamin à la même époque et, probablement, lui aussi sous l'influence de Simmel, Elias met le doigt sur le caractère déterminant, du point de vue anthropologico-historique, de la *modification des rythmes donnés aux interactions* dans les sociétés modernes industrielles. Ces rythmes à la fois de mieux en mieux harmonisés, toujours plus réguliers et plus rapides, objets de toujours plus de soin et d'autocontrainte, lui semblent la résultante de la nécessité macrosociologique de rendre possibles les interactions entre une masse de plus en plus grande d'individus dispersés et de l'obligation microsociologique, que celle-ci impose simultanément à chacun d'eux, de se maîtriser, de modérer ses émotions, de réguler ses pulsions.

> Il est un phénomène qui met en évidence le rapport entre l'étendue et la pression intérieure du réseau d'interdépendances d'une part et l'état d'esprit de l'individu de l'autre : c'est ce que nous appelons le *rythme* de notre temps. (Elias [1939], 1975, p. 210)

Ces remarques sont restées, il est vrai, marginales dans l'œuvre d'Elias mais elles suggèrent la possibilité de conjoindre des motifs restés jusqu'à lui séparés, sauf peut-être chez Freud : le motif de la dispersion moderne propre à Tarde et à Simmel, et celui du système rythmique, qui appartient plutôt à la tradition durkheimienne et surtout maussienne.[1] En tant qu'intégrale des myriades d'interactions intérieures aux systèmes sociaux – que celles-ci impliquent échange ou concurrence –, le rythme apparaît ainsi, au moins dans cet exemple, comme le médium qui permet aux pressions externes et internes de communiquer et de basculer les unes dans les autres.

> Ce rythme est tout simplement l'expression des innombrables chaînes d'interdépendance qui se nouent et se combinent dans chaque fonction sociale, et de la pression concurrentielle qui, à partir de ce réseau vaste et populeux, stimule chaque action. (p. 210)

Du coup, il constitue en tant que *forme réglée des interactions* le principe même de l'individuation et de la subjectivation. S'il dépend d'un côté de la taille, de la densité et de la complexité des unités sociales considérées, il n'existe en fait qu'en s'inscrivant dans les corps à travers « les techniques des autres et de soi » que les individus s'appliquent à eux-mêmes avec de plus en plus de rigueur.

> Ce rythme peut se traduire chez un fonctionnaire ou un entrepreneur par l'accumulation des rendez-vous et réunions, chez un ouvrier par la synchronisation de chacun de ses mou-

---

1. Sur Tarde, Simmel, Durkheim, Mauss et Freud, voir P. Michon, *Rythme, pouvoir, mondialisation* [2005], Paris, Rhuthmos, 2016.

vements. Dans les deux cas, le rythme est l'expression du grand nombre d'actions qui dépendent les unes des autres, de la densité et de la longueur des chaînes que forment entre eux les actes isolés, de la dureté de la concurrence et des combats d'élimination, véritables moteurs de ce réseau d'interdépendances. Dans un cas comme dans l'autre, la fonction au point de jonction de tant de chaînes d'action exige un emploi du temps rigoureux ; elle habitue l'individu à la subordination de ses penchants du moment aux nécessités de l'interdépendance englobante ; elle l'engage à renoncer à toutes les variations de comportement et à pratiquer sans défaillance l'autocontrainte. (Elias, [1939], 1975, p. 210)

Nous avons vu qu'anticipant sur le travail de Thompson et sur ses propres travaux ultérieurs, Elias note au passage le rôle qu'ont joué les instruments de mesure du temps dans cette rationalisation des rythmes de vie. Et bien entendu, selon le principe de la lutte constante entre les règles sociales et le Ça mis en évidence par Freud, il ne manque pas de souligner le poids que de tels rythmes, toujours plus stricts, font peser sur le moi.

— Penchons-nous, maintenant, sur les quelques références faites par Meyerson à la notion de rythme. Là encore, celles-ci émergent, d'une manière significative, au moment où Meyerson discute de l'un de ses présupposés anthropologiques et méthodologiques essentiels. On se rappelle que le point de vue pragmatique auquel Meyerson soumet la psychologie lui permet de remettre en question l'identification de l'individu et du sujet à une intériorité, à un *moi*, et de définir ceux-là par leurs « actions », puis par ce qu'ils ont réalisé, c'est-à-dire par leurs « œuvres ». Il ouvre ainsi la possibilité d'une « psychologie historique », qui aura la postérité glorieuse que nous lui connaissons.

Or, dans l'introduction malheureusement oubliée de son ouvrage, intitulée « De l'acte à l'œuvre », Meyerson commence par analyser le concept d'« action », qui se trouve dans le processus d'« objectivation » entre l'acte simple et l'œuvre elle-même, et constitue pour cette raison, à ses yeux, le premier des traits fondamentaux de l'humanité. Significativement, il fait débuter sa réflexion par un rappel des acquis du travail de Mauss sur les techniques du corps. L'« action » n'est en rien une donnée naturelle et présuppose, au contraire, une « série d'actes » organisée de manière conventionnelle, c'est-à-dire variable suivant les sociétés et les époques.

À la différence des sociologues durkheimiens, toutefois, il note que les « valeurs » attribuées à ces « actions » ne sont pas toujours homogènes et cohérentes, ce qui laisse une plus grande marge de manœuvre aux individus que ceux-là ne veulent bien leur accorder. Il s'attache, par ailleurs, à caractériser beaucoup plus précisément leur organisation. Ces séries d'actes forment des totalités singulières, par exemple un « travail », « une partie »,

« une expédition » ou « une bataille », mais ces totalités ne sont pas homogènes et lisses. Elles sont, comme on le voit particulièrement dans les conduites rituelles, organisées dans le temps suivant des scansions, qui en déterminent le début et la fin, mais aussi souvent l'organisation interne. De même, ces séries d'actes sont réglées spatialement et, pour les personnes qui y participent, de près ou de loin, suivant une étiquette souvent très stricte. En peu de mots, elles sont « rythmées ».

> Ce sont là des ensembles denses et complexes dont on peut dire que par nature ils ont un début et une terminaison [...] L'acte est doué d'une forme. P. Janet a eu grandement raison d'insister sur l'importance des délimitations dans le temps, surtout sur les conduites de commencement et de terminaison : on ouvre une séance, on présente quelqu'un, on inaugure un monument, on pose la première pierre : ces rites veulent marquer que les choses ne se passent pas n'importe comment, à leur manière ; ils leur donnent une surexistence : une existence d'action, et non seulement de fait [...] Il s'agit en somme de créer des points de condensation du vouloir, ou au moins de l'attention [...] Le meneur de jeu organise les moments de tension et de détente. À un moindre degré que le début et la fin, les autres moments de l'action sont aussi soumis à un réglage, ils sont rythmés. (Meyerson, [1948], 1995, p. 22)

Enfin, dernière différence avec ses contemporains, l'organisation de ces séries d'actes, les techniques du corps, les manières de fluer des corps en action, sont subordonnées à leurs significations. Tous ces rythmes temporels, spatiaux et agentiels sont liés au sens, sens que Meyerson place sous le chapeau du « symbolique », non pas, il faut le redire, au sens où le structuralisme va bientôt le populariser, mais à celui du concept dynamique forgé au début des années 1920 par les psychologues.

Or, là encore, le rythme réapparaît, furtivement mais significativement. Symbole et rythme sont, en effet, présentés un peu plus loin dans l'ouvrage comme deux outils privilégiés permettant d'articuler les fonctions psychologiques dans leurs spécificités et la totalité anthropologique dans laquelle elles fonctionnent. Meyerson, cite à cet égard, les remarques de Mauss sur ces deux notions comme exemples de lieux théoriques où se marient les deux points de vue, et sa visée d'« une théorie des interactions et des rapports entre les fonctions, ajoutée à une analyse précise des fonctions » dans laquelle elles s'insèrent.[1]

Que cette préoccupation de totalité soit elle-même légitime, nul ne le contestera, et on sera d'accord avec les remarques que fait M. Mauss dans son étude sur les rapports de la psychologie et de la sociologie : « Que nous étudiions des faits spéciaux ou des faits généraux, c'est toujours au fond à l'homme complet que nous avons

---

1. M. Mauss, « Rapports réels et pratiques de la psychologie et de la sociologie » [1924], *Sociologie et Anthropologie* [1950], Paris, PUF, 1980, pp. 299-301 et pp. 304-305.

affaire. »[1] Ainsi, rythmes et symboles mettent en jeu non pas seulement les facultés esthétiques ou imaginatives de l'homme, mais toute son âme et tout son corps à la fois[2] […] Mais ce que demandait M. Mauss, dans cet appel aux psychologues, c'était une théorie des interactions et des rapports entre les fonctions, ajoutée à une analyse précise des fonctions. Lévy-Bruhl, plus préoccupé par la totalité, s'est moins intéressé aux fonctions elles-mêmes. (Meyerson, [1948], 1995, pp. 128-129)

Dans tous les cas, le rythme apparaît chez Meyerson, comme chez Elias, lorsqu'il lui faut articuler deux aspects qui sont la plupart du temps disjoints par ses contemporains : l'intérieur psychologique et l'extérieur socioculturel, les « actes » et les « œuvres », le « corps » et les « facultés esthétiques ou imaginatives de l'homme », ou bien l'analyse des « fonctions psychologiques » et leurs « interactions ».

1. Citation tirée de M. Mauss, *op. cit.*, pp. 304-305.
2. Meyerson n'a pas mis de guillemets mais cette phrase est bien de Mauss et suit directement la précédente ; il a aussi inversé « corps » et « âme ». La phrase subséquente peut d'ailleurs être relevée, elle aussi, car elle met bien en lumière la volonté maussienne de dépasser tous les dualismes. Voici l'ensemble tel qu'il se présente dans le texte original : « Que nous étudiions des faits spéciaux ou des fait généraux, c'est toujours au fond à l'homme complet que nous avons affaire, je vous l'ai dit. Par exemple, rythmes et symboles mettent en jeu non pas seulement les facultés esthétiques ou imaginatives de l'homme, mais tout son corps et toute son âme à la fois. Dans la société, même quand nous étudions un fait spécial, c'est au complexus psycho-physiologique total que nous avons affaire. »

— Venons-en, pour finir, aux quelques références faites par Vernant à la notion de rythme. Dans l'un de ses tout derniers textes, l'introduction qu'il rédige pour l'ouvrage collectif *L'homme grec* [1991, éd. fr. 1993], celui-ci souligne, on l'a vu, le fait que la piété de l'homme grec n'emprunte pas la voie du « renoncement au monde » mais de son « esthétisation ». Toute sa vie, dit-il, est organisée autour d'un ensemble de pratiques et de rituels familiaux et civiques qui, tout en visant à rendre hommage à la divinité, y introduisent « une dimension nouvelle, faite de beauté, de gratuité, de communion heureuse ». En Grèce on ne cesse de célébrer les dieux « par des processions, des chants, des danses, des chœurs, des jeux, des concours, des banquets où l'on consomme en commun la chair des animaux offerts en sacrifice ». Le rituel de fête se présente ainsi pour ceux qui sont voués à la mort, « comme la parure des jours de leur vie, une parure qui, en leur conférant grâce, joie, accord mutuel, les illumine d'un éclat où rayonne un peu de la splendeur divine. » (Vernant, [1991], 1993, p. 14)

Or, comme le fait remarquer Platon dans les *Lois*, toutes ces pratiques impliquent, « un sens du rythme et de l'harmonie accompagné de plaisir », que les hommes ont reçu des dieux pour que ceux-ci, comme s'ils étaient leurs « chorèges », puissent les « mettre en branle » et les « entrelacer les uns aux autres par le chant et la danse ».

Comme le dit Platon, pour devenir des hommes accomplis les enfants doivent dès leur premier âge apprendre « à vivre en jouant et jouant des jeux tels que les sacrifices, les chants, les danses » (*Lois*, 653d). C'est qu'à nous autres hommes, explique-t-il, « les dieux ont été donnés non seulement pour partager nos fêtes mais pour nous accorder un sens du rythme et de l'harmonie accompagnés de plaisir, par lequel ils nous mettent en branle en se faisant nos chorèges et en nous entrelaçant les uns aux autres par le chant et la danse » (*Lois*, 653d). (p. 14)

D'une manière surprenante mais qui doit nous faire réfléchir, le rythme assure ici à nouveau une fonction médiatrice entre la totalité et les individus. Les rythmes des sacrifices, des fêtes, des chants et des danses, qui « ponctuent » la vie des Grecs anciens sont vus par Vernant, à la suite de Platon, comme le moyen pour les hommes de « s'entrelacer », c'est-à-dire de « s'associer » et « s'accorder » entre eux et avec les dieux, au moins le temps de la fête. Le rythme permet de surmonter la distance entre les êtres humains, les citoyens de plus en plus désengagés, singularisés et autonomes qui peuplent la Cité, mais aussi entre ceux-ci et le monde et les dieux qui l'habitent.

Dans cet entrelacs qu'institue le rituel entre les célébrants, ce sont aussi les dieux qui se trouvent, par le jeu plaisant de la fête, associés et accordés aux hommes. (p. 14)

— De ces trois expériences, il ressort donc la même impression. Le rythme apparaît toujours au moment où le sociologue, le psychologue ou l'historien cherche à sortir des dualismes qui brident son approche des faits anthropologico-historiques. De même que le rythme de la vie moderne, notamment celui du travail et de la vie sociale, était conçu chez Elias comme le produit et le moyen de l'intrication entre le niveau macrosociologique des interactions et le niveau microsociologique du contrôle de soi, de même qu'il servait chez Meyerson à articuler l'intérieur et l'extérieur, les actes et les œuvres, le corps et les facultés, de même il apparaît chez Vernant lorsqu'il décrit les pratiques par lesquelles les Grecs des Cités tentaient de surmonter leurs divisions croissantes et l'éloignement de plus en plus grand du monde divin.

Bien sûr la dernière référence pourrait sembler ambiguë. Pour Platon le rythme est un don divin, octroyé aux hommes par les dieux, alors qu'il est pour Vernant, comme pour Elias et Meyerson, une donnée anthropologico-historique *sui generis* sans arrière-plan religieux. Cette référence à Platon n'en reste pas moins suggestive, en ce qu'elle éclaire, d'une manière paradoxale, à la fois un aspect non métrique de la conception platonicienne (le rythme comme opérateur d'interactions) et ce qu'il reste de métrique et de platonicien dans la conception proposée par Vernant lui-même ou dans celles d'Elias ou de Meyerson (le rythme comme succession régulière de temps forts et faibles).

Ni Elias, ni Meyerson, ni Vernant ne sont en effet allés jusqu'à adopter l'idée que les rythmes soient, pour parler comme Benveniste, plutôt de l'ordre du *rhuthmos* que du *skhèma*, que cela soit ceux qui organisent et donnent forme, à la fois, aux formes d'interaction dominantes et aux contraintes que les individus s'imposent pour pouvoir y satisfaire ; entre le corps et les fonctions psychologiques, ou entre les individus et leurs œuvres ; ou encore, entre les citoyens et leurs cités, et entre les hommes et les dieux. C'est à mon sens le point le plus avancé mais aussi la limite de ces formes de pensée, et c'est donc à partir de là qu'il nous faut aujourd'hui reprendre la réflexion pour rendre possible une véritable anthropologie historique *rhuthmique*.

4. Concepts fondamentaux

Dans *Les rythmes du politique* [2007] et *Fragments d'inconnu* [2010], j'étais arrivé aux résultats suivants : 1. Quels que soient les groupes et l'époque dans lesquels ils vivent, les êtres humains *s'individuent* singulièrement et collectivement. Il n'y a pas de société sans individus. 2. Cette individuation est commandée par les *rythmes* qui organisent leurs *activités corporelles*, ainsi que de leurs *interactions sociales*. Ces rythmes constituent ainsi des « formes d'individuation ». 3. La qualité de l'individuation est déterminée par la qualité de ces rythmes et par la *puissance d'agir*, et plus largement *de vivre*, qu'ils impliquent. 4. La maximisation de la puissance d'agir et de vivre entraîne une subjectivation sous la forme d'un *devenir-agent de processus*, avec tout ce que ce concept suppose de *pluralité*, d'*incomplétude* et même de *discontinuité*. 5. Cette pluralité (on peut être sujet de processus très différents, voire sans rapports les uns avec les autres), cette incomplétude (on n'est jamais sujet simultanément de tous les processus auxquels on participe) et cette discontinuité (on n'est jamais sujet en permanence d'un processus donné) n'impliquent toutefois en rien l'inexistence du sujet, sa disparition dans les réseaux des signes et de la « différance », ni, du reste, sa dépendance vis-à-vis d'une puissance normative intime, sociale, transcendantale, ou ontologique. 6. Les individus trouvent, en effet, tout simplement dans les *places vides* que leur fournit « l'appareil formel de l'énonciation » décrit par la linguistique, ainsi que dans les *puissances sémantiques* que le langage, du fait cette fois de sa dimension rythmique poétique, met sans cesse en circulation, à la fois des utopies du sujet et des capacités à transformer celui-ci en *trans-sujet*. Les *rythmes* qui organisent l'*activité du langage* viennent ainsi compléter et faire passer sur un plan supérieur ceux qui organisent les activités corporelles et les interactions sociales. Tout en lui assurant un garant universel, le langage offre en effet au sujet-agent des transpositions sémantiques partageables, transpositions qui vont donner sens à son expérience propre et pourront, à leur tour, participer à l'émergence de nouveaux sujets-agents. Ces puissances rythmiques mobiles, fournies par l'activité langagière, constituent ainsi des « formes de subjectivation », au sens où elles appuient et donnent forme au devenir-agent en cours mais aussi à venir. 7. Individuation et subjectivation sont nécessairement liées l'une à l'autre. Atteindre une individuation de qualité implique de devenir sujet-agent, d'une manière ou d'une autre. Réciproquement, tout devenir agent d'un processus favorise l'intensification de l'individuation. 8. Subjectivation comme devenir-agent et subjectivation comme accession au sujet universel du discours et aux sujets spécifiques des discours, sont également liées l'une à l'autre. Le sujet-agent en émergence trouve une transposition et un appui sémantiques dans les sujets du discours et des discours. À l'inverse, le sujet langagier et les sujets poétiques aident les sujets-agents à se former, à perdurer et à proliférer.[1]

Il me semble que l'étude des travaux de Dumont, Elias, Meyerson et Vernant nous permet de donner un peu plus de précision conceptuelle et en même temps d'épaisseur historique à ce premier dispositif théorique. Les rythmes, qui organisent les activités corporelles et les interactions sociales, y ont été reconnus comme des « formes d'indivi-duation ». Ceux qui organisent l'activité du langage comme des « formes de subjectivation ». Or, pour éviter tout malentendu, il faut souligner ici l'aspect dynamique, *rhuthmique*, de ces « formes ».

Alors qu'elles visent les *organisations elles-mêmes des processus* d'individuation ou de subjectivation, les expressions « formes d'individuation » ou « de subjectivation » ne doivent pas être comprises comme désignant ce qui en serait les *produits*. Les spécialistes des sciences de l'homme et de la société, mais aussi beaucoup de philosophes, habitués pendant des décennies à considérer le monde à partir d'un point de vue structural, systémique ou individualiste, ramènent ainsi souvent, sans même s'en apercevoir, des réalités dynamiques et mouvantes à des entités

---

1. P. Michon, *Fragments d'inconnu. Pour une histoire du sujet*, Paris, Le Cerf, 2010, pp. 240-241.

stables, posées comme des objets saisissables par l'œil de l'esprit. Ils se représentent les « formes d'individuation » ou de « subjectivation », qu'elles soient singulières ou collectives, comme les *produits* d'une structure, d'un système ou des interactions entre individus déjà existants, alors qu'elles ne sont en fait rien d'autre que des *rhuthmoi*, des *manières de fluer* des corps, du social ou du langage.[1]

Toutefois, d'autres, nombreux parmi les disciples actuels de Heidegger, mais aussi de Deleuze et de Lyotard, vont trop loin dans l'autre sens. Ils font, pour leur part, des « formes d'individuation » ou « de subjectivation » de simples *traces* d'ensembles de mutations qu'ils pensent aléatoires. L'absolu chaos d'un Être traversé par la guerre ou le conflit remplace dans leur esprit la permanence de l'Être précédente. Ceux-ci oublient que ces dynamiques ne se font pas de manière totalement incohérente et qu'elles possèdent un niveau d'organisation spécifique, pensable précisément sous l'égide du concept de *rythme* au sens de *rhuthmos* et d'une ontologie remise à sa juste place par une anthropologie historique du langage.[2] Une telle attention au rythme et à

1. Sur le concept de « manière de fluer », P. Michon, *Les Rythmes du politique. Démocratie et capitalisme mondialisé* [2007], Paris, Rhuthmos, 2015, pp. 77 *et sq.*

2. J'ai essayé de le montrer dans P. Michon, *Fragments d'inconnu. Pour une histoire du sujet* Paris, Le Cerf, 2010, et *Rythmologie baroque. Spinoza, Leibniz, Diderot*, Paris, Rhuthmos, 2015.

sa spécificité ontologique pourrait d'ailleurs peut-être trouver des appuis chez Deleuze lui-même[1], voire mais cela semble beaucoup plus contestable chez Heidegger.[2]

Vincent Descombes, en s'appuyant sur Wittgenstein et les théories pragmatiques, est l'un des derniers à s'être affronté à cette difficulté. Il a proposé, on le sait, de rejeter l'identification du sujet à l'intériorité et de lui donner uniquement le sens de « suppôt d'action et de changement ("passion") », c'est-à-dire d'un individu « en tant qu'il peut jouer un rôle actantiel dans une histoire, de sorte qu'on peut se demander s'il est le sujet de ce qui arrive, ou s'il en est l'objet, ou s'il en est l'attributaire »[3]. La subjectivation serait ainsi définie comme l'accession d'un individu singulier ou collectif à la position d'agent, de patient ou d'attributaire d'un processus et dépendrait donc du rapport entre le degré de puissance de cet individu et des aides qu'il peut recevoir, et le degré de résistance des obstacles qu'il

---

1. En particulier dans *Mille plateaux* (avec F. Guattari), Paris, Minuit, 1980 et dans ses travaux sur Bergson et sur le cinéma, *L'Image-mouvement. Cinéma 1*, Paris, Minuit, 1983 et *L'Image-temps. Cinéma 2*, Paris, Minuit, 1985. Sur le premier de ces ouvrages, voir P. Michon, *Elements of Rhythmology*, vol. 5, *A Rhythmic Constellation. The 1980s*, Paris, Rhuthmos, 2021.

2. C. Nielsen, « Rhythmus. Zum Wesen der Sprache bei Heidegger », *Rhuthmos*, 23 juillet 2010 – http://rhuthmos.eu/spip.php?article153

3. V. Descombes, *Le Complément de sujet. Enquête sur le fait d'agir de soi-même*, Paris, Gallimard, 2004, pp. 13-15.

rencontre dans le champ dans lequel il agit. Elle mesurerait donc son degré d'autonomie.

Une telle déflation métaphysique, qui permet de conserver la notion de sujet tout en se débarrassant de toutes ses versions substantialistes, que ce soit l'*ego* cartésien ou le *Self* lockien et tous leurs successeurs, est évidemment bienvenue. Il me semble qu'elle reste insuffisante, toutefois, pour saisir historiquement les phénomènes de subjectivation – et d'individuation – et risque de nous faire tomber dans certains travers du pragmatisme, en particulier un relativisme et un morcellement abusif du sujet. D'une part, s'il n'y a que des rapports de puissances et si seules comptent finalement les entreprises qui réussissent, on ne voit pas ce qui pourrait distinguer entre elles, poétiquement, éthiquement et politiquement, les différentes formes de subjectivation. De l'autre, une telle déconstruction ne peut se traduire, en termes historiques, qu'en une chronique infinie des moments de subjectivation et d'assujettissement qui, si on les considère d'un point de vue purement pratique, sont toujours discrets, instables et fugaces. De même que l'individu et le sujet déconstructionnistes ou désirants se dissolvaient dans les fluences de l'être, de même le sujet – et donc l'individu – pragmatistes se disperse alors en une poussière d'actes, de pâtirs et d'attributions.

Dans les termes de la recherche qui nous concerne ici, il faudrait donc que l'on puisse donner à l'expression *forme de subjectivation*, le sens d'*organisation rhuthmique du devenir-agent des individus*, qu'ils soient du reste singuliers ou collectifs. C'est pourquoi, il me semble nécessaire de rééquilibrer ce dégonflage grammatical de la métaphysique du sujet par une réaffirmation des puissances constructives du langage lui-même. À la déflation wittgensteinienne de *l'anthropologie des Lumières libérales*, il nous faut associer l'élaboration par Humboldt et quelques-uns de ses successeurs, en particulier Saussure et Benveniste, d'une *anthropologie radicalement historique*. Pendant longtemps, on a considéré cette anthropologie comme l'une des dernières expressions du libéralisme du XVIIIe siècle, mais on commence à comprendre ses affinités avec un certain nombre d'auteurs appartenant à ce que Jonathan Israel a appelé « les Lumières radicales », en particulier Vico, Diderot et Spinoza.[1]

Comme leur théorie du langage en reste à la version austinienne de l'énonciation et leur poétique à la rhétorique ou à la théorie de la narrativité, les déconstructeurs pragmatistes du sujet – mais c'est la même

---

1. Sur l'autre face des Lumières, J. Israel, *Les Lumières radicales. La Philosophie, Spinoza et la naissance de la modernité (1650-1750)* [2001], Paris, Éditions Amsterdam, 2005. Voir également P. Michon, *Rythmologie baroque. Spinoza, Leibniz, Diderot*, Paris, Rhuthmos, 2015.

chose dans la tentative de synthèse pragmatico-herméneutique proposée par Ricœur – ignorent l'aspect sémantique et rythmique des puissances du langage. C'est pourquoi, ils sont obligés en dernière analyse, rompant avec le primat langagier qu'ils ont pourtant fait leur, au départ, d'attribuer la consistance de la subjectivation à des principes qui lui sont extérieurs : soit aux Lois sociales chez Descombes, soit à une Loi intérieure chez Ricœur.[1]

Or, de même que les processus d'individuation possèdent une organisation propre, de même les processus de subjectivation ne se font pas de manière totalement aléatoire et discrète. Ils possèdent un niveau d'organisation spécifique, pensable lui aussi, comme on a commencé à le voir grâce à Benveniste et Meschonnic, sous l'égide d'une *anthropologie historique du langage*. Des études récentes font d'ailleurs penser qu'une telle anthropologie historique fondée sur les puissances du langage n'est pas sans rapports avec certains aspects de l'œuvre de Wittgenstein lui-même.[2]

Ce que ne peut pas voir Descombes, du fait qu'il confine sa vision du langage dans les limites du pragmatisme anglo-saxon et borne son intérêt pour la littérature au roman et à la narration, mais ce qu'ont com-

---

1. Sur tout cela voir, P. Michon, *Fragments d'inconnu. Pour une histoire du sujet*, Paris, Le Cerf, 2015, pp. 143-157.

2. Sur ces aspects chez Wittgenstein, voir S. Laugier, *Wittgenstein. Les sens de l'usage*, Paris, Vrin, 2009.

mencé, en revanche, à entrevoir Meyerson, en introduisant dans sa psychologie historique un souci hum-humboldtien pour l'aspect dynamique et génératif du langage, et Vernant en étendant à la lyrique grecque l'enquête de l'anthropologie historique, c'est que le langage assure universellement aux êtres humains la possibilité d'accéder au sujet, grâce à la fois à un appareil énonciatif toujours vide, et à des puissances sémantiques mobiles circulant sous la forme de systèmes rythmiques signifiants. Le premier leur offre une forme qui reste à remplir mais qui est toujours disponible, sauf cas pathologiques. Les seconds sémantisent les forces et les conflits qui opposent les corps et les groupes sociaux, donnent une forme et une certaine puissance supplémentaire aux actes des individus – formes et puissances sensibles, remarquait déjà Meyerson, à la fois dans « l'extériorisation de l'esprit » dans ses « œuvres » et dans l'organisation de « l'action » –, tout en leur permettant de mesurer les valeurs éthiques et politiques de ces actes. Un système signifiant dont l'effet s'épuisera rapidement témoignera d'une valeur moindre que celle dont sera doté un système signifiant capable de générer des chaînes de réénonciations infinies, comme c'est le cas des grandes œuvres littéraires (l'épopée et la tragédie grecques par exemple) mais aussi des meilleures œuvres éthiques et politiques.

Pour éviter, à la fois, l'emphase métaphysique propre aux théories classiques du sujet, et les effets éthiques et politiques indésirables des dernières formes de déflation critique – déflation par ailleurs très bienvenue –, on peut donc ramener, comme ces dernières le demandent, la « subjectivation » au devenir-agent d'un individu, mais il faut préciser que ce devenir n'est pas dissociable des rythmes signifiants qui permettent à cet individu d'accéder au sujet de l'énonciation et à des sujets poétiques qui donnent forme, sens et valeur à la poussière des actes par lesquels il devient cet agent. On peut donc appeler « formes de subjectivation », aux deux sens du génitif, ces organisations signifiantes et espérer ainsi rendre plus accessible l'idée selon laquelle ces formes qui assurent une certaine unité à la poussière des actes sont également par elles-mêmes des puissances sémantiques mobiles, qui peuvent bouleverser les individus en devenir et parfois aussi leur donner des forces supplémentaires, étant entendu que ces formes-puissances reçoivent elles-mêmes en retour la poussée du devenir-agent en question.

Enfin, dans la mesure où les « formes d'individuation », les manières d'organiser les interactions sociales et le rapport à soi, ainsi que les « formes de subjectivation », les manières d'organiser l'activité du langage, sont étroitement liées les unes aux autres, on pourrait appeler « *formes de vie* » l'ensemble interactif qu'elles constituent. En associant, à l'exemple de Wittgenstein, deux mots impliquant des notions de sens traditionnellement opposés, cette expression permet-

trait peut-être de rendre compte de ces formes essen-
tiellement mouvantes, en palingénésie permanente et
toujours inaccomplies, mais aussi de ce que leur dynamisme, leur palingénésie et leur inaccomplissement
sont nécessairement formés – bref de ces *manières
spécifiques de fluer*, de ces *rhuthmoi*.

5. *Rhuthmoi* et instances d'individuation

Les travaux de Meyerson, de Vernant et d'Elias, nous permettent de commencer à donner chair à ce dispositif théorique. Nous avons vu comment, pour faire pièce aux modèles historicistes dominants, ils ont petit à petit distingué, d'une part, *les rhuthmoi de l'individuation* liés aux *techniques d'interaction sociale* et, de l'autre, ceux liés aux *techniques de retour sur soi*. Puis, comment au bout d'un cheminement assez complexe, ils sont arrivés à différencier *leurs multiples traductions anthropologiques* respectives : l'*individu engagé*, l'*agent*, le *singulier*, le *privé*, d'une part ; l'*âme*, le *soi*, le *moi*, de l'autre. De cette approche est ainsi sorti un merveilleux bouquet de connaissances historiques, sans égal encore aujourd'hui. Essayons d'en prendre la mesure, en nous limitant aux résultats principaux.

— Les formes d'individuation archaïques, telles qu'elles ont existé, selon Meyerson, dans les sociétés « primitives » et « jusque dans les formes anciennes des grandes civilisations » sont déjà assez complexes et certainement fort diverses. On peut toutefois en dresser un portrait schématique en nous limitant à leurs traductions anthropologiques respectives et en présupposant à chaque fois mentalement les processus d'interaction ou de retour sur soi, les *rhuthmoi*, qui de fait les constituent. Chaque être humain y apparaît, en premier lieu, comme un *individu engagé* dans son ou ses groupes sociaux et dénué de toute *singularité*. Chacun joue, dans la vie familiale, dans la vie de son clan et de sa tribu, dans les cérémonies rituelles, dans les fêtes des confréries, un « personnage » ou un « rôle » identifié par un ou plusieurs noms, un ou des masques, des droits, des titres, des propriétés et même des danses. Tous ces attributs ne sont pas vraiment les siens car de même qu'un ancêtre en a déjà été muni, un descendant en héritera à son tour. En bref, l'individu reçoit dans le présent une place assignée par rapport aux générations passées, et il ne fait que « jouer » cette place. Il est vrai que ce rôle n'est pas totalement passif. Il implique *une part d'agentivité* : l'individu agit ès qualités et est responsable de l'honneur et du bien-être de tout le clan. Il agit en conséquence vis-à-vis des autres individus, mais aussi vis-à-vis des ancêtres ou des dieux. Comme on pouvait s'y attendre, Meyerson ne cite en revanche aucun fait qui pourrait relever d'une quelconque *sphère privée*, ni d'une *âme*, ni d'un *soi*, ni d'un *moi*.

Dans la Chine féodale antique (X^e – IIIe siècles), c'est encore l'*individu engagé* dans son groupe qui domine. Chacun y joue, tout d'abord, un « rôle » défini par la société, qui le lui a confié lorsqu'il a reçu son nom. Ce nom, en effet, n'est pas vraiment le sien : « un ancêtre l'a porté, un descendant en héritera ». La forme de la vie est donc en grande partie déterminée par l'ordre des naissances, par le rang et le jeu des hiérarchies sociales. Ce type anthropologique ressemble encore dans ses grandes lignes au « personnage » archaïque. Toutefois, un certain nombre de traits nouveaux le distingue déjà de ce dernier. Tout d'abord, un accent inédit est mis sur sa *singularité*. Celle-ci n'est plus seulement liée au retour cyclique d'un « rôle » ou d'un « personnage » de génération en génération, mais elle est maintenant réputée représenter une « essence » et posséder un « site » particulier dans le cosmos, ainsi qu'un rapport unique aux éléments fondamentaux de la nature. Tout individu possède un « lot de vie », une aptitude à être, qui lui sont particuliers : le *sing*. Ce souci de la singularité se double, au moins dans certains milieux minoritaires, d'une *diminution de l'engagement de l'individu* dans son groupe, d'une valorisation de *son agentivité* et surtout d'un tout nouveau souci pour le *soi*. Pour le taoïsme, la société ne constitue pas le milieu naturel de la vie humaine, mais un système fallacieux de contraintes. La voie du savoir réside donc dans la méditation solitaire, la culture de *soi* ; *soi* que l'on perd ou détruit, si l'on s'attache aux coutumes ou aux autres êtres. Notons qu'aucun fait nouveau ne semble concerner toutefois la sphère *privée*, l'*âme* ou le *moi*.

— La Grèce ancienne, telle du moins qu'on peut la connaître à partir du VIIIe siècle avant notre ère, offre un troisième terrain d'observation, encore plus riche parcouru par Meyerson et surtout par Vernant. Là aussi, le « personnage » archaïque semble se transformer de manière complexe.

Vu tout d'abord à travers la religion officielle, c'est-à-dire à travers des pratiques assez conservatrices qui reflètent en général des phénomènes souvent très anciens, *l'individu* apparaît en premier lieu comme *entièrement intégré* dans sa ou ses communautés. Dans les cultes les plus courants, c'est-à-dire les cultes publics ou familiaux, chacun établit son rapport avec le divin à travers sa participation à une communauté. *L'agent* religieux n'y opère que comme représentant d'un groupe, qu'au nom de ce groupe, dans et par lui. Sa *singularité importe peu*. Même quand il s'agit d'un culte familial, il ne construit *aucune sphère privée*. Certes, pour assurer sa tâche au mieux, il se soumet à un *sévère contrôle de soi*, chacun devant respecter la place et les devoirs qui lui sont assignés, mais ce n'est *pas l'âme* qui est l'objet de ce contrôle, et il ne s'agit pas non plus d'un commerce entre deux sujets personnels, deux *moi*, où l'humain se renforcerait du commerce avec le divin. Lors des cérémonies religieuses familiales ou publiques les plus communes, et cela durant au moins toute la période archaïque et classique, l'être humain est donc *largement impliqué* dans son groupe et l'on n'observe aucune valorisation de l'*agent*, du *singulier*, du *privé*, de l'*âme* ou du *moi*.

Bien que les cultes dionysiaques, tels qu'ils nous apparaissent vers la fin du VIe siècle, au moment où le pouvoir politique essaie de les récupérer et de les institutionnaliser, permettent, ce qui est nouveau, à des groupes infériorisés, femmes et esclaves, de participer de plein droit à une activité religieuse publique, l'individu y reste, selon Vernant, *entièrement engagé* dans son groupe. L'*agent*, la *singularité* et le *privé* sont toujours inexistants. Du côté des techniques de retour sur soi, alors que les cultes publics se rattachent à un idéal de maîtrise, le dionysisme apparaît au contraire comme une culture du délire et de la folie vue comme une possession par le dieu. À travers cette expérience, le fidèle cherche à atteindre un contact intime avec le divin, un état autre, de sainteté et de pureté totales. Mais cette fusion, si elle *concerne le soi*, ne *vise pas l'âme*, qui est encore un objet inconnu dans ces cultes, et n'est pas non plus une communion qui remplirait et renforcerait le *moi*. Elle a plutôt l'effet inverse ; elle le vide et le dissout.

En revanche, certains cultes à Mystères comme celui d'Éleusis, à la période classique, sont, également, sous le patronage officiel de la cité, mais ils comportent déjà certains aspects qui *émancipent un peu l'individu* de son groupe. Tout d'abord, ils neutralisent les distinctions sociales et sont ouverts à quiconque parle grec, étranger comme Athénien, femme ou homme, esclave ou libre. Ensuite, ils *valorisent l'agentivité* : un mystère constitue une communauté, non plus sociale, mais spirituelle, à laquelle chacun participe de son plein gré, par la vertu de sa libre adhésion et indépendamment de son statut civique. Enfin, ils *valorisent sa singularité* : les mystères procurent à ceux qui y participent un privilège religieux exceptionnel, une élection qui, les arrachant au sort commun, implique l'assurance d'un sort meilleur dans l'au-delà. Mais ces innovations ne doivent pas être exagérées. D'une part, ces cultes *ignorent la sphère privée.* De l'autre, les initiations ne semblent *pas* avoir comporté non plus *de travail sur soi,* d'exercices spirituels ou de techniques d'ascèse propres à transformer l'homme d'un point de vue intérieur et même extérieur. Les cérémonies terminées, la consécration obtenue, rien dans sa façon de vivre, sa pratique religieuse, son comportement social, son costume, ne distingue l'initié de ce qu'il était avant, ni de celui qui ne l'est pas. Il a gagné une sorte d'assurance intime, par la familiarité qu'il a acquise avec les dieux, mais il demeure socialement et intérieurement inchangé. Il reste un membre participant à part entière aux groupes dans lesquels il vit et il n'a *pas constitué de moi.* Enfin, Vernant et Gernet l'un et l'autre contredisent ici Meyerson, les mystères ne semblent *pas* avoir marqué « *d'intérêt spécial pour l'âme* ; ils ne [sont pas préoccupés] de définir ni sa nature, ni ses pouvoirs ».

Réfléchissant sur la société des dieux, qu'on peut voir comme un reflet de la société humaine, Vernant remarque que ceux-ci sont *étroitement engagés* dans le jeu de leurs interactions. Dans la mesure où ils sont considérés en premier lieu comme des Puissances, ils sont pris dans les rapports de force que chacun d'eux entretient avec tous les autres, rapports qui *limitent sévèrement leur agentivité*. Par ailleurs, si les dieux grecs se singularisent apparemment par leurs noms et par leurs histoires, cette *singularité reste très limitée*, car elle s'accompagne souvent d'une multiplicité aspectuelle (il existe en réalité plusieurs Athéna ou plusieurs Zeus fort différents les uns des autres) et d'une indifférenciation collective (tous les dieux sont souvent réunis sous une appellation collective : le dieu). Bien entendu, les dieux ne disposent d'*aucune sphère privée*, ils ne font *aucun effort de contrôle d'eux-mêmes*, ne possèdent *pas de moi, ni d'âme*.

De leur côté, les cultes rendus aux morts n'ont pas pour fonction d'assurer la permanence, par-delà la mort, des êtres humains dans leur *individualité*, leur fonction d'*agent*, leur *singularité*, leur *soi*, leur *moi*, ou même leur *âme*. Leur rôle est uniquement de maintenir la continuité du groupe familial et de la cité. D'une manière générale, les morts sont absorbés dans le grand fond impersonnel qui soutient la vie et ils n'apparaissent jamais de manière clairement indivíduée. Seuls les héros conservent après la mort, sinon leur *individualité*, du moins la *singularité* qu'ils ont acquise par leurs exploits, c'est-à-dire une certaine *capacité d'action* et donc un certain *devenir-agent*. Il reste que ce devenir-agent est très différent de celui que nous connaissons aujourd'hui et que nous prenons à tort pour naturel. De par sa nature même, il est tout d'abord limité à des êtres exceptionnels, que leur caractère héroïque sépare nettement du commun des mortels et qui restent des exemples dont tout le monde sait qu'ils sont inaccessibles. Par ailleurs, ce devenir-agent peut se produire *en l'absence de toute individualité désengagée* et *de toute singularité* ; il existe des héros collectifs et des héros anonymes. Ensuite, le devenir-agent héroïque n'implique *aucun retour sur soi*, ni aucune intériorité psychique, *aucun moi, aucune âme*, dont il serait le prolongement à l'extérieur. Enfin, il n'entraîne même *pas la construction d'un sujet moral* considéré comme responsable de ses actes. Les actes glorieux par lesquels les héros sont devenus ce qu'ils sont ne sont en rien des prolongements de leur volonté, de leurs délibérations, de leurs vertus personnelles ; ils sont toujours le signe de la grâce divine, la manifestation d'une assistance surnaturelle. Le *devenir-agent* et l'*action* ne sont donc pas absents des récits héroïques, mais ils sont représentés, de façon très étrange pour nous, de manière parfois *non-individuelle* et toujours de manière *non-psychologique* et *non-morale*. Ils relèvent avant tout d'épreuves de qualification religieuse et sociale qui montrent que le héros est bien doté d'une capacité d'action, mais cette capacité ne lui vient pas de son for intérieur ou d'une qualité qui lui serait propre, elle s'obtient par une participation à une puissance cosmique qui le dépasse de partout.

Dans la très grande majorité des cas qui viennent d'être étudiés, la dimension « psychique », *l'âme, est, on le voit, minorée voire le plus souvent absente*. Pourtant, celle-ci va commencer à être un objet de pratique et de réflexion, en Grèce, à partir du VIe siècle, dans certains milieux sectaires en marge de la religion officielle puis chez des philosophes, qui vont lui prêter une attention croissante.

Pour bien comprendre de quoi il s'agit, il faut rappeler que loin d'être une instance propre à l'individu intérieur, une partie immortelle de son *moi*, l'âme – la *psukhê* apparaît, tout d'abord, comme un élément étranger à la vie terrestre, un être venu d'ailleurs et en exil, apparenté au divin. Elle constitue une puissance mystérieuse et surnaturelle – le *daímôn*. C'est cette instance d'origine extérieure qui *va devenir l'objet de pratiques de soi approfondies*. Par des exercices d'ascèse et de concentration spirituelle, liés peut-être à des techniques du corps comme l'arrêt de la respiration, des sages et des ascètes prétendent, sur un modèle dont les racines chamaniques sont fort probables, rassembler et unifier les puissances psychiques dispersées dans tout l'individu, séparer du corps à volonté l'âme ainsi isolée et recentrée, la rendre pour un moment à sa patrie originelle pour qu'elle y recouvre sa nature divine avant de la faire redescendre s'enchaîner à nouveau dans les liens du corps. Ces pratiques de soi aboutissent à transformer le *daímôn* en une instance intérieure, la *psukhê*. Celle-ci n'est plus, comme chez Homère, la fumée inconsistante, le fantôme sans relief et sans force qui s'exhale de l'homme à son dernier souffle ; c'est désormais une puissance installée au cœur de l'homme vivant, sur laquelle il a prise, qu'il a pour tâche de développer, de purifier, de libérer en s'imposant une dure discipline spirituelle et corporelle.

Il reste qu'il ne faut *pas confondre* ces nouvelles pratiques de soi et l'instance psychique qui en est l'objet *avec un désengagement total* de l'individu de son groupe, ni avec une *valorisation* de la *singularité*, de l'*agentivité* et du *privé*, ni même avec un intérêt pour le *moi*. Le souci de la *psukhê* et les pratiques qui lui sont liées constituent, à cette époque, une autre manière, analogue d'une certaine façon à la participation du héros à la puissance du monde, de s'insérer dans un ordre global. Contrairement à ce qui se passe en Inde, la valorisation religieuse de l'âme n'implique *aucun désengagement de l'individu*. Elle est avant tout une tentative de participer à l'ordre parfait de la société et du cosmos. Par ailleurs, l'âme étant divine, elle *ne saurait encore exprimer la singularité des êtres humains, ni soutenir leur agentivité, ni s'épancher dans leur sphère privée, ni enrichir leur intériorité* ; par destination, elle déborde, elle dépasse toutes ces dimensions. Il est très significatif, à cet égard, qu'elle appartienne à la catégorie du « démonique », c'est-à-dire, paradoxalement, à ce qu'il y a dans le divin de moins singularisé, de moins autonome, de moins privé, et de moins personnel. Autrement dit, l'âme est conçue par les Grecs du Ve siècle, non pas déjà comme le support d'un individualisme, d'une singularité, d'une autonomie, d'une vie privée ou d'une expérience intérieure, mais bien au contraire comme une entité qui prolonge en chacun l'organisation fluante du cosmos et par le soin de laquelle, inversement, chacun peut se libérer de sa singularité, de son autonomie très limitée, de ses relations privées, de son moi, et s'intégrer à l'ordre cosmique et divin. Ce n'est que bien plus tard, au cours d'une histoire complexe entrelaçant des voies diverses où la poésie lyrique, la réflexion morale, la tragédie, la médecine, la philosophie joueront chacune un rôle déterminant, que l'âme deviendra une partie du moi, de la vie psychique intérieure séparée de l'univers extérieur.

Une deuxième instance anthropologique – et les *rhuthmoi* des interactions au sein desquelles elle se constitue – fait l'objet de transformations importantes au cours du Ve siècle, repérables au travers des sources littéraires et juridiques : l'*agent*.

On a vu que *les notions d'agent et d'action sont encore très peu présentes, à cette époque, du point de vue religieux*. Dans les cultes les plus courants, les cultes publics ou familiaux, l'agent opère toujours comme représentant d'un groupe, au nom de ce groupe, dans et par lui. Il n'a donc aucune réelle autonomie. Dans les cultes dionysiaques, fondés sur des pratiques du délire et de la folie, l'agent est de même *de facto* totalement inexistant. D'une manière générale, les dieux eux-mêmes ne sont guère considérés comme des agents car leur puissance d'action est étroitement limitée par les autres puissances avec lesquelles chacun d'entre eux coexiste. Les morts n'ont aucune volonté propre ni aucune capacité d'action particulière. Seuls, parmi ceux-ci, les héros ont démontré durant leur vie une certaine capacité d'agir, mais ces êtres sont exceptionnels et leurs exemples inaccessibles. Par ailleurs, le héros n'est pas considéré en lui-même comme un sujet moral, vraiment responsable de ses actes, dans la mesure où ceux-ci ne sont que les signes de manifestations et de grâces surnaturelles. Même dans les pratiques de soi tournées vers l'âme qui se sont développées en marge de la religion officielle, l'objectif n'est pas encore un devenir-agent mais un devenir-divin qui passe par une participation à des forces qui dominent entièrement l'être humain. En fin de compte, du point de vue religieux, seuls les cultes à Mystères, témoignent d'une toute première valorisation de l'agent, puisque chacun y participe de son plein gré en vertu de sa libre adhésion, sans qu'il faille bien entendu exagérer son importance.

Cette absence ou cette faiblesse de l'agent est, toutefois, un trait propre à la sphère religieuse, à ses croyances et à ses pratiques, un trait qui relève plus largement de la tradition. *La situation est assez différente des points de vue socio-politique, économique, juridique, philosophico-moral et artistique.*

La *modification de la structure des sociétés* grecques entre le VIIIe et le VIe siècles, *l'émergence des « cités »* puis, au siècle suivant, dans certaines d'entre elles, *la mise en place de régimes démocratiques*, ont certainement favorisé une autonomisation des agents du fait de leur participation à la création et à l'application des lois, comme électeur et comme juge. Comme le notent Vernant et Vidal-Naquet, le citoyen prend désormais part aux affaires de l'État « au terme de discussions publiques, de caractère profane » et, de ce fait, il commence à « s'expérimenter lui-même en tant qu'agent, plus ou moins autonome par rapport aux forces religieuses qui dominent l'univers, plus ou moins maître de ses actes, plus ou moins maître d'orienter par sa *gnṓmê*, son jugement, par sa *phrónêsis*, son intelligence, le cours incertain des événements ».

Par ailleurs, du point de vue économique, le recul relatif de la domination de la propriété foncière, prise dans une solidarité transgénérationnelle, et la forte *croissance de la propriété mobilière*, dont on dispose à sa guise, ainsi que la *croissance de la mobilité et de la prise d'initiatives* impliquées par l'essor du commerce maritime lointain, lui-même permis par les succès de l'impérialisme athénien, tout cela favorise *le devenir-agent de certains individus*.

Du point de vue juridique, on voit, à travers *les conditions de l'imputation d'une responsabilité concernant des actions déjà accomplies*, changer les manières dont les Anciens Grecs se représentent les notions de *volonté*, d'*intention* et de *décision*, qui constituent, au moins à nos yeux, le cœur de la notion d'*agent*. Avant l'organisation systématique des tribunaux publics à partir de la fin du VIIe siècle, la faute, *hamártēma*, constituait indistinctement une erreur de l'esprit, une défaillance morale et une souillure religieuse. Elle était à la fois égarement de l'intelligence, conséquence d'une maladie mentale, et produit d'une force maléfique et contagieuse. Ce n'était donc pas l'individu en tant que tel qui était le facteur du délit : « Le délit existait en dehors de lui, le délit était objectif. » Au lieu d'émaner de l'agent comme de sa source, l'action l'enveloppait et l'entraînait, l'englobant dans une puissance qui lui échappait d'autant plus qu'elle s'étendait, dans l'espace et la durée, bien au-delà de sa personne. *Il ne pouvait donc être question, dans ce cadre, d'une intention, d'une volonté ou d'une décision individuelles, et donc d'une responsabilité personnelle.*

Avec l'avènement du droit et l'institution des tribunaux de cité, comme ceux dont Dracon (621-620) aurait doté Athènes, qui soustraient désormais les meurtriers à la vengeance des clans, l'ancienne conception religieuse de la faute s'efface et une nouvelle notion du délit se dégage. *L'intention apparaît désormais comme un acte constitutif de l'acte délictuel, tout spécialement de l'homicide.* Le clivage, au sein de l'activité humaine, entre les deux grandes catégories de l'acte accompli de plein gré *(hekōn)* et l'acte exécuté malgré soi *(ákōn)* prend alors valeur de norme. Il reste que cette évolution ne constitue pas un basculement franc d'une conception « traditionnelle » à une autre qui serait déjà « moderne ». Au ve siècle, l'ambivalence sémantique de nombreux termes – comme ceux de la famille de *hamartía*, le délire funeste, tantôt acte punissable parce qu'intentionnel, tantôt faute excusable parce qu'accompli sans une pleine conscience ; ou ceux de la famille d'*ágnoia*, l'ignorance, tantôt principe constitutif de la faute, tantôt excuse la faisant disparaître – suggère *les limites de la promotion juridique de l'intention. En fin de compte est punissable non pas celui qui a voulu faire mal mais celui qui savait que son action était mauvaise.* La distinction cardinale entre l'acte accompli de plein gré *(hekōn)* et l'acte exécuté malgré soi *(ákōn)*, qui détermine le licite et l'illicite, est établie, d'une manière à nos yeux extrêmement étrange, avant tout en termes de connaissance ou d'ignorance, non pas de volonté mauvaise ou de nécessité. La responsabilité n'est donc « subjective » que dans un sens purement cognitif ; elle n'est en rien liée à une culpabilité morale. Le droit grec traduit, sur un plan juridique, un cadre moral collectif destiné à contenter le groupe dans son entier et qui ne met en rien en jeu la moralité individuelle de l'agent telle qu'elle pourrait être définie par le degré d'engagement de sa volonté.

Si l'on prend maintenant l'agent du côté, non plus du regard juridique sur l'action réalisée, mais des *conceptions philosophico-morales de sa génération,* on observera *la même promotion, pour nous tout aussi surprenante, de l'intention et même de la décision sans qu'il soit fait appel à un quelconque moment à un vouloir propre ou à une capacité autonome de se mettre en mouvement.* En grec ancien, la notion d'*intention* oscille entre la tendance spontanée du désir et le calcul prémédité de l'intelligence. Lorsque l'on analyse, à travers leur vocabulaire, comment les Grecs se représentent le passage du désir à la délibération puis à la décision, on s'aperçoit que ce passage est toujours provoqué du dehors du sujet par l'objet vers lequel il tend spontanément ou bien que sa réflexion lui présente comme un bien, et non par un élan intime qui lui serait propre. Jamais l'intention n'a un quelconque rapport avec le vouloir intime de l'agent ; elle n'est qu'une dérivée soit du désir soit de la connaissance de l'objet. Et il en de même chez les philosophes. Même chez Aristote, qui est probablement le penseur qui a fait le plus d'effort pour faire du sujet le responsable de ses actes, le vouloir n'a pas le sens d'une faculté spéciale qui permettrait à ce dernier de prendre ses décisions indépendamment de l'*éthos*, qui fait qu'il est ce qu'il est. Quand Aristote écrit que son action « dépend de l'homme lui-même »,

cet *autós* n'a pas le sens d'un moi personnel, ni d'une faculté spéciale dont disposerait le sujet pour modifier le jeu des causes qui agissent à l'intérieur de lui. *Autós* se rapporte à l'individu humain pris dans son tout, conçu comme l'ensemble des dispositions formant son caractère particulier, son *éthos*. (Vernant & Vidal-Naquet, [1972], 1972, pp. 59-60)

Le *soi* n'est donc jamais conçu comme un *moi* qui trouverait en lui-même, par réflexion ou dans une relation personnalisée au divin, sa légitimité ; il est toujours le produit d'apprentissages et d'expériences. Une fois le caractère formé, le sujet agit conformément à ces dispositions et ne saurait agir autrement. Quand l'agent prend une décision, il ne mobilise donc pas un pouvoir intime qui lui

serait propre. Il ne fait que suivre la contrainte intérieure que lui impose son *éthos*.

La distinction chez Aristote des deux catégories d'actes
n'oppose pas un *contraint* à un *librement voulu*, mais une contrainte
subie du dehors à une détermination qui opère du dedans. (p. 62)

Ainsi y a-t-il aussi peu de psychologie chez la
Stagirite qu'il y en a dans le nouveau droit de la cité.
Il ne remonte jamais à un noyau volitif caché au plus
profond de l'être et qui existerait avant – et donc indépendamment – de toute socialisation. *L'homme est
bien père et responsable de ses actes, mais c'est
d'une manière qui n'implique aucune responsabilité
fondamentalement personnelle. Ainsi, tout comme
dans le nouveau droit, l'agent n'est pas conçu par
Aristote à partir d'une faculté de volonté propre et
totalement singulière.*
Enfin, la toute nouvelle forme d'art mais aussi de
rituel civique que constitue *la tragédie reflète
l'immense perplexité provoquée par cette promotion
de l'agent.* De même qu'il s'agissait pour la nouvelle
pensée juridique de délimiter et d'organiser le
domaine de la responsabilité humaine en la libérant à
la fois de l'autorité fondée sur la simple contrainte et
de l'autorité des puissances sacrées – l'ordre du
monde, la justice de Zeus –, de même le questionnement tragique interroge la volonté, l'action et la
culpabilité humaines, au moment où celles-ci s'éman-

cipent des modes de légitimation religieux et mythiques. Ce qui est au cœur de la tragédie, depuis son apparition à la fin du VIe siècle jusqu'à sa disparition un siècle plus tard, c'est *le conflit entre l'inexistence, voire le rejet de l'agent dans les sphères religieuse, mythologique et culturelle, et sa valorisation nouvelle dans les sphères sociopolitique, économique, juridique et philosophico-morale.* Constituant à la fois un hommage aux modèles traditionnels et une institution sociale entièrement originale, établie par la Cité parallèlement à ses nouveaux organes politiques et judiciaires, la tragédie propose aux citoyens un laboratoire éthique et politique, où se confrontent les valeurs de la tradition et les valeurs nouvelles.

La mise en scène y témoigne d'emblée de la valorisation récente de l'agent et des problèmes qu'elle soulève. Les personnages sont masqués mais leurs masques n'ont plus de rapports avec ceux portés dans les mascarades rituelles ; leur objectif n'a plus rien de religieux. Le port du masque par les personnages tragiques, joués par des acteurs professionnels, doit plutôt se comprendre comme un moyen de mettre en scène leur opposition au groupe anonyme non masqué du chœur, incarné lui par un collège de citoyens. Il est un moyen scénique utilisé pour transposer le monde héroïque et ses valeurs traditionnelles dans le monde de la cité, tout en représentant ces personnages comme des Athéniens du Ve siècle, qui parlent, pensent et vivent « comme des bourgeois ».

À travers les discussions qui les opposent aux choristes ou les uns aux autres, les héros tragiques deviennent ainsi l'objet d'un débat et leurs décisions sont mises en question devant le public. Les objets principaux de la tragédie sont donc les nouvelles valeurs que sont en train de prendre le *sujet-agent*, son *action* et sa *responsabilité*. Tout en se focalisant sur le monde passé des héros singuliers, la tragédie place en fait en son centre le citoyen contemporain en train d'agir et ses interrogations quant à la légitimité de cet agir.

Le langage de la tragédie, quant à lui, se caractérise par une ambiguïté permanente qui brouille la communication entre les personnages, mais aussi entre ceux-ci et le public. Tout se passe comme si le langage perdait son caractère stable et transparent, et était gagné par un trouble existentiel et conflictuel permanent. À la fois dynamique et miné par une opacité insurmontable, il ne peut que jeter un doute sur les relations humaines établies et sur le monde.

Enfin *l'intrigue*, les relations qui lient les personnages les uns aux autres, les actions que ceux-ci entreprennent, les décisions qui les motivent et la responsabilité morale et juridique qui finalement leur échoit, toutes sont traversées par les mêmes divisions et les mêmes tensions qu'aux niveaux scénique et langagier. Dans tous les cas, selon Vernant et Vidal-Naquet, se posent les mêmes questions.

Dans quelle mesure l'homme est-il réellement la source de ses actions ? Alors même qu'il en délibère dans son for intérieur, qu'il en prend l'initiative, qu'il en assume la responsabilité, n'ont-elles pas ailleurs qu'en lui leur véritable origine ? Leur signification ne demeure-t-elle pas opaque à celui qui les commet, les actes tirant leur réalité, non des intentions de l'agent, mais de l'ordre général du monde auquel seuls les dieux président. (Vernant & Vidal-Naquet, [1969], 1972, p. 39, même idée [1972], 1972, p. 71).

Certes, l'action prend sa source dans le caractère propre de chacun, mais ce caractère est lui-même dominé par une puissance démonique qui lui est étrangère. Dans la vision du monde des Tragiques, les agents sont ainsi soumis à une double détermination, intérieure et extérieure, qui, sans la nier complètement, relativise ou au moins interroge leur autonomie. *Si l'intention, la délibération, la décision, qui précèdent l'action, sont placées au cœur même de l'intrigue, comme dans le droit et la philosophie morale, cela n'implique en rien la promotion d'un vouloir autonome.* Contrairement à toutes les interprétations dualistes qui insistent, soit sur la liberté intérieure des personnages au moment du choix (Bruno Snell, Zevedei Barbu), soit au contraire, en critiquant les premières, sur l'asservissement de leurs décisions à une nécessité extérieure d'ordre religieux (André Rivier), Vernant et Vidal-Naquet soulignent le fait que liberté et contrainte, intériorité et extériorité du vouloir, coexistent en fait dans les personnages, comme elles coexistent dans l'esprit, le droit et la philosophie de l'époque. Pour les Grecs du Ve siècle, la *décision* est en fait toujours une codécision des humains et des dieux et c'est pourquoi les Tragiques conjoignent ainsi sans difficulté des principes qui sont à nos yeux inconciliables : l'*intention* avec la *responsabilité* qu'elle entraîne, d'une part, et le caractère *involontaire* de la génération de l'action, de l'autre. La tragédie représente ainsi très clairement « une étape dans la formation de l'homme intérieur, du sujet responsable » mais l'agent, qui y est représenté, ne constitue pas encore une entité qui aurait « assez de consistance et d'autonomie pour constituer le sujet en centre de décision d'où émaneraient ses actes » (Vernant & Vidal-Naquet, [1972], 1972, p. 73).

Que cela soit du point de vue juridique, philosophico-moral ou théâtral, les conclusions auxquelles arrivent les études historiques concernant la Grèce ancienne sont ainsi très étonnantes. D'une part, elles mettent en lumière une transformation importante de la notion d'*agent* et de ses notions connexes, *intention, décision, action, responsabilité*. Mais de l'autre, elles ne cessent de souligner les limites de ces transformations ou plutôt leurs spécificités liées à l'absence du motif de la *volonté propre* ou du *vouloir autonome*. Au Ve siècle, la catégorie de l'agent est déjà dotée d'une certaine consistance, mais elle reste mal délimitée, ouverte sur l'extérieur et finalement assez précaire, sans noyau volitif propre.

Ni l'individu, ni sa vie intérieure n'ont acquis assez de consistance et d'autonomie pour constituer le sujet en centre de décision d'où émaneraient ses actes. (p. 73)

— L'apport d'Elias à la connaissance des formes d'individuation propres aux sociétés occidentales depuis la fin du Moyen Âge est moins détaillé que celui de Meyerson, Vernant et Vidal-Naquet concernant la Grèce ancienne. Contrairement à ceux-ci, il ne distingue pas les différentes instances induites par les interactions, qu'il rassemble toutes sous le chapeau de *l'individu*, ni celles liées au retour sur soi, qu'il identifie au seul *moi*, encadré selon la théorie freudienne d'un *ça* et d'un *surmoi*, vus il est vrai historiquement, à la différence de Freud. Sa contribution est toutefois loin d'être négligeable car, s'il pèche de ce côté, il offre en revanche une série d'études tout à fait remarquables concernant les différentes pratiques – des autres et de soi – par lesquelles ces instances se définissent, se transforment et parfois disparaissent.

Il faut louer ici, tout d'abord, l'originalité et la richesse de ses analyses concernant *les techniques d'interaction sociale*, dont il est l'un des tout premiers à avoir fait l'histoire : au Moyen Âge, la stylisation courtoise des rapports entre sexes et les nouveaux codes de combat entre hommes ; puis, durant la Période classique, la ritualisation des échanges quotidiens ; l'intensification de l'observation des autres et le rééquilibrage, dans l'aristocratie, des rapports entre hommes et femmes au profit de ces dernières ; enfin, à partir du XVIIIe et surtout du XIXe siècle, le désengagement des bourgeois permis par le rôle nouveau que prennent l'argent et la marchandise dans leurs interactions ; le développement d'une sphère privée séparée des interactions publiques ; le contrôle sévère imposé aux femmes de la bourgeoisie et des classes inférieures ; et la limitation des rapports sexuels au mariage.

De même, on ne saurait trop dire de bien des descriptions concernant *les techniques du soi* et de leurs évolutions : tout d'abord, au Moyen Âge et à la Renaissance, les restrictions apportées progressivement à l'usage de la violence physique ; les limites mises à l'expression spontanée des besoins naturels ; puis, durant la Période classique, l'intériorisation lente du tabou de la nudité ; la privatisation et l'hétérosexualisation du sommeil ; l'accentuation de l'autocontrôle de l'activité sexuelle ; et la diffusion des manières de table ; enfin, à partir de la Révolution industrielle et de l'envol du capitalisme, la stricte discipline rythmique que s'imposent des individus asservis à un travail régulier et intense.

Elias fournit, en quelque sorte, une approche qui complète celle de ses contemporains Meyerson et Vernant. Là où ces derniers fournissaient principalement une analyse du devenir des différentes instances anthropologiques et laissaient en partie dans l'ombre les processus organisés qui les soutenaient, il prend ceux-ci pour objets premiers, tout en simplifiant, pour sa part, le jeu des multiples instances qui les expriment. Mises bout à bout, avec bien sûr toute la prudence requise, ces analyses transforment radicalement notre compréhension de l'histoire anthropologique de l'Occident et constituent, encore aujourd'hui, des acquis sur lesquels nous pouvons nous appuyer.

6. *Rhuthmoi* et instances de subjectivation

Concernant les rythmes de la subjectivation, c'est-à-dire l'accès des locuteurs au *sujet* par le biais des techniques d'usage de *l'appareil formel de l'énonciation*, et par celles déterminées par *les sujets poétiques de discours*, les apports des historiens anti-historicistes sont beaucoup moins développés, mais ils ne sont pas non plus inexistants et leur mise en série suggère l'émergence, encore fragile mais déjà suffisamment avancée pour être identifiable, d'un regard totalement nouveau sur le devenir-sujet. Par ailleurs, ils nous apportent quelques informations historiques intéressantes concernant les techniques du langage participant à la subjectivation – et donc ne l'oublions pas, d'une manière indirecte mais pas moins importante, à l'individuation.

— Un sentiment mêlé ressort de la lecture des travaux de Meyerson. Sa conception du langage ne lui permet guère d'aborder la subjectivation d'un point de vue linguistique et poétique, et encore moins d'un point de vue historique : on ne trouve chez lui rien de comparable sur ce plan à ce qu'il a pu faire pour l'individuation. Il reste que ses travaux entrouvrent quelques portes, au moins sur le plan méthodologique, qu'il vaudrait peut-être la peine de pousser et de tester par des recherches historiques effectives. Dans les trois petites études qu'il propose à la fin de sa thèse, on voit en effet son intérêt pour quelques questions linguistiques qui pourraient concerner l'histoire de l'individu et du sujet.

Tout d'abord, le ou les *noms* donnés à une personne lui semblent, à raison, l'un des supports universels les plus importants mais aussi les plus versatiles de l'individuation. Le nom, qui est, dans les sociétés primitives et anciennes, un marqueur de *l'inclusion de l'individu* dans son groupe, garantit sa *plus ou moins grande capacité d'action* et lui confère une certaine *singularité*. En même temps, la fréquence des changements de nom y montre que cette capacité peut varier fortement et que cette singularité peut être remise en cause en fonction de différents événements. Certes, Meyerson ne fait ici aucun pont avec le *je* linguistique, qui constitue pourtant un outil, lui aussi universel, par lequel les locuteurs se désignent comme des sujets. Mais la possibilité d'étudier conjointement les usages du nom et du *je* dans une société et une période données est là. À nous de l'exploiter.

De même, on voit ce que l'étude sur la constellation de verbes centrée sur les verbes *avoir* et *être* définissant « les idées de sphère personnelle et de solidarité » pourrait apporter – sous des conditions bien entendu que je m'apprête à préciser – à une recherche d'anthropologie historique. Certes, le présupposé évolutionniste, qui marquait les travaux de Bally et de Van Ginneken durant l'entre-deux-guerres, à peine atténué dans leur restitution par Meyerson en 1948, nous interdit de reprendre telles quelles leurs conclusions, en particulier leur classement des langues et des sociétés sur un axe progressif allant, une fois de plus, d'un communautarisme originel sans individu à individualisme moderne débarrassé de la communauté. Par ailleurs, en dépit de son historisation, le sujet reste conçu chez eux avant tout de manière psychologique, ce qui les empêche de reconnaître sa dimension radicalement historique, telle qu'elle sera bientôt décrite du point de vue linguistique par Benveniste et du point de vue poétique par Meschonnic. Mais, tout en écartant clairement ces deux présupposés, on pourrait peut-être profiter de la partie de ces analyses visant la sémantique des verbes concernant l'*avoir* et l'*être*, et la constellation qui les entoure, en réutilisant ponctuellement leur questionnement. Il s'agirait alors de comprendre, en dehors de toute considération concernant le supposé raffinement progressif des langues, comment dans une société donnée et à une période donnée, se disposent linguistiquement les différents anneaux sémantiques qui constituent la sphère subjective.

Enfin, en dépit de son extrême rapidité, l'étude finale de Meyerson sur le *génie* pose, en dehors de toute idéologie néoromantique, l'immense question de la *subjectivation poétique*. Certes, là encore, le propos n'est pas développé, il manque d'appuis à la fois théoriques et analytiques, mais l'intuition vaut la peine d'être notée. À nous de voir, de nouveau, ce que nous pouvons en faire.

— Venons-en, maintenant, à Vernant et Vidal-Naquet. Contrairement à Meyerson qui n'apportait rien du point de vue historique et restait fort allusif du point de vue méthodologique, ceux-ci ont commencé une histoire de la subjectivation et dégagé quelques outils pour ce faire.

Nous avons vu que l'un et l'autre utilisent très fréquemment des données *lexicales* pour soutenir leurs analyses. C'est le cas dans leurs différentes études consacrées à la figure de *l'agent*. Ils y examinent la qualification de l'action réalisée dans la tradition puis par les nouveaux tribunaux. Ils suivent le sort de *hamártēma* – la faute ; de *hekōn* – l'acte accompli de plein gré et *ákōn* – l'acte exécuté malgré soi. Ils notent l'ambivalence au Ve siècle de nombreux termes, comme ceux de la famille de *hamartía* – le délire funeste, ou ceux de la famille d'*ágnoia* – l'ignorance, pour montrer la complexité de ce qui se joue dans la promotion juridique de l'intention. De même, lorsqu'ils prennent l'agent du côté de la génération de l'action et non plus de l'action réalisée, ils analysent les oscillations des valeurs des termes de la famille *boul-*, qui servent à exprimer les modalités de l'intentionnel : *boúlomai* – désirer, préférer ; *boúlēsis* – désir, souhait ; *boúlēma* – intention ; *boulē* – décision, projet, conseil (au sens de conseil des anciens) ; *bouleúō* – délibérer de manière raisonnée. Ainsi, du point de vue de la *langue* grecque du Ve siècle, jamais l'intention, on l'a vu, n'a un quelconque rapport avec le vouloir intime de l'agent ; elle apparaît clairement comme une dérivée, soit du désir soit de la connaissance de l'objet.

Mais, Vernant et Vidal-Naquet ne se limitent pas à cette approche *lexicale* du langage, qui est une pratique courante chez les historiens depuis longtemps. Ils prêtent également une attention beaucoup plus rare au *discours*. Ils s'intéressent à ce que j'appellerai les toutes nouvelles « manières de fluer du langage » promues par le discours tragique, au moins tel que nous pouvons le connaître au Ve siècle au moment de son plus intense développement. D'une façon qui n'est pas sans rappeler les remarques d'Elias concernant les différences entre les cultures française et allemande au XVIIIe siècle, ils notent que le langage, qui était jusque-là considéré comme un moyen de communication relativement fiable entre les humains ou entre les dieux, prend, chez les Tragiques, un aspect très différent, marqué par une productivité et une

ambiguïté constantes. Loin de posséder des significations stables et univoques, ce langage se caractérise par une multiplication et une certaine indéci-
sion des significations qui brouillent la communication entre les personnages, mais aussi entre ceux-ci
et le public. Compte tenu de ce décalage inévi-
table, l'objet des dialogues tragiques est moins
d'informer ou de transmettre des idées claires et
distinctes, ou même de rappeler les normes communes, que de mettre en lumière les points de blocage
de la communication et les sujets de conflits qui
traversent désormais la Cité. Ce qui est nouveau
au Ve siècle, c'est donc le passage d'un langage en
continuité avec le monde des dieux, un langage
qui assurait, sinon de manière transparente mais du
moins sans heurts, la permanence des relations humaines établies, à un langage se déployant désormais
par lui-même, sans appuis surnaturels, au sein des
communautés civiques grecques, avec tout ce que
ce nouveau contexte implique de divisions et de
heurts. Ce langage nouveau ne donne plus accès
au monde de manière immédiate ; il a perdu sa
fluidité et sa clarté originelles au profit d'une vis-
cosité et d'une opacité déroutantes. Cette nouvelle
manière de faire fluer le langage donne à la Cité
un dynamisme indéniable, mais elle ne cesse, en
même temps, de mettre en péril son unité. De
même, il permet aux individus de prendre leurs
aises et d'exprimer leurs désirs profonds, mais il

leur retire aussi toute certitude intérieure. Tel est le fond à la fois langagier et civique, civique et langagier, qui constitue la dimension « tragique » ou « problématique » de la vie des hommes. Tout se passe donc comme si la tragédie exposait en acte, pour la première fois dans l'histoire, une conception anti-instrumentaliste et anti-communicationnelle du langage, qui mettrait au jour son caractère fondamentalement ambigu et conflictuel. *Mutatis mutandis*, la manière dont les Tragiques considèrent et utilisent le langage évoque ainsi celle que les Romantiques allemands feront leur, de nombreux siècles plus tard. Nulle « évolution », du reste, de ce point de vue, mais à chaque fois, de réelles manières de parler différentes de celles du temps, manières pour lesquelles la transparence et l'immédiateté du langage ne sont plus garanties, et son caractère obscur et problématique, est devenu la réalité, tragique pour les uns, ouverte sur l'utopie pour les autres, de la condition humaine dans le langage.

Nous avons vu, en revanche, ce que Vernant retire de Benveniste : du point de vue théorique, quasiment rien, sa linguistique de l'énonciation lui reste totalement étrangère ; et du point de vue historique, seulement des confirmations, coupées du contexte plus large qui leur donnent sens, de ses propres conclusions. Celles-ci ne sont, du reste, pas invalidées, on l'a noté, par cette tentative infructueuse de réintégration. Aux yeux de Vernant, on se le rappelle, dans la mesure où les Grecs ont conçu le monde comme un cosmos de forces dynamiques dans lequel l'homme est entièrement intégré, ils n'ont pas vu ce dernier comme un agent autonome, moralement responsable de ses actes. En revanche, ils ont valorisé l'action, qu'elle soit « un type d'activité, une sphère fonctionnelle », ou bien « un acte effectué, posé comme un objet », tout en lui attribuant un primat sur l'agent. Nous avons vu pourquoi il n'est pas possible de s'appuyer ici sur le travail de Benveniste sur les *Noms d'agent et noms d'action en Indo-européen* [1948], car celui-ci n'y met pas en évidence des phénomènes qui seraient propres au grec ancien, mais des faits que l'on retrouve dans de très nombreuses autres langues, y compris non indo-européennes, et donc dans de très nombreuses sociétés et époques. Cela dit, en dépit de son échec relatif, l'essai de Vernant pourrait toutefois nous inspirer une enquête, qui serait fort utile, sur les rapports historiques entre l'existence, universellement avérée, d'un appareil de l'énonciation, et les variations, généralisées elles aussi, de la notion d'agent. On pourrait ainsi commencer à remplir un vide que Vernant comme du reste Benveniste ont laissé béant.

Il reste un point sur lequel il nous faut insister pour finir : l'importance anthropologico-historique que Vernant a donnée, de loin en loin tout au long de sa carrière, à la *poésie* grecque. Ici, on dépasse le niveau du discours ordinaire, de l'énonciation commune, pour rentrer dans celui du discours poétique, de la production de discours dont la nature est d'être infiniment réénonçables et objets de partage.

Tout d'abord, on l'a vu, Vernant n'a cessé d'évoquer *le rôle déterminant des poètes et de la poésie* dans la construction de la *mémoire collective*, qui permet à certaines singularités d'échapper à la disparition *post mortem*. Dans la mesure où une survie éventuelle n'est pas liée, pour les Grecs anciens, aux qualités propres de l'« âme » ou du « moi » de l'individu, mais à la persistance du souvenir de ses actions chez les vivants, ces spécialistes de la célébration posthume que sont les poètes en retirent une importance toute particulière. Du coup, leurs usages du langage, usages tout à fait singuliers mais partagés par toute personne éduquée et répétés de génération en génération, mériteraient d'être examinés de près. Vernant n'est malheureusement pas allé plus loin sur cette piste qui reste, là aussi, à explorer. On pourrait, à cet égard, s'interroger sur les diverses manières dont le flux du langage est mis en forme, stylisé, rythmé dans les textes chantant le souvenir des héros puis des grands hommes de la Cité. Il serait peut-être alors possible d'y repérer des techniques discursives, c'est-à-dire des manières à la fois de jouer avec l'appareil formel de l'énonciation et d'accéder à des sujets poétiques, qui ont pu donner sens à leur expérience mémorielle.

À cela s'ajoutent les toutes dernières réflexions de Vernant sur le *discours lyrique* qui constituent certainement, au moins en ce qui concerne les *techniques du langage*, l'une des pointes les plus avancées de ses réflexions. Ses remarques ouvrent, nous l'avons vu, un tout nouveau champ de recherche, qu'il nous reste presque totalement à découvrir.

À l'instar de Benveniste qui montrait que le *je* n'est qu'une forme universelle vide, remplie à chaque fois qu'elle est employée en fonction du contexte et de l'objectif de cet emploi, Vernant note, tout d'abord, qu'il existe en Grèce ancienne, comme dans toutes les cultures du monde même les plus anciennes, de *très nombreux usages de la première personne*. Les Grecs, comme tous les hommes – c'est une chose que nombre de sociologues, d'anthropologues et de philosophes ont oubliée – n'ont cessé de dire *je*.

> Édit ou proclamation d'un souverain, épitaphe funéraire, invocation du poète qui se met lui-même en scène au début ou au cours de son chant comme inspiré des Muses ou détenteur d'une vérité révélée, récit historique au détour duquel l'auteur intervient en personne pour donner son opinion, défense et justification de soi dans les discours « autobiographiques » d'orateurs comme Démosthène et Isocrate. (Vernant, [1985], 1989, p. 223)

Mais Vernant attire, ensuite, l'attention du lecteur sur le fait que, parmi tous ces usages, il existe en

Grèce également, dès Archiloque de Paros (vers 680-vers 645), *des discours qui prennent la première personne elle-même sinon comme objet du moins comme support essentiel.* Pour la première fois dans l'histoire, un nouvel usage du langage, l'usage lyrique, fait des émotions, de leur singularité et du *je* lui-même, des objets de communication et de culture.

En instituant les émotions du poète et son affectivité comme thème majeur de l'échange avec « un public d'amis, de concitoyens, d'*hetaîroi* », c'est-à-dire appartenant à sa sphère privée, le discours lyrique donne à la vie intérieure une consistance nouvelle ; il confère « à cette part, en nous indécise et secrète, de l'intime, de la subjectivité personnelle, une forme verbale précise, une consistance plus ferme ».

Ensuite, le discours lyrique introduit une certaine relativisation des normes imposées par la société. Il participe au processus d'autonomisation et de développement de la singularité et de l'agentivité des individus qui est en cours.

C'est au sujet, à l'individu dans ce qu'il éprouve personnellement et qui fait la matière de son chant, qu'échoit en dernier ressort le rôle de critère de valeurs. (p. 224)

Enfin, le discours lyrique fait apparaître, d'une manière encore inédite, le temps de la durée et de la vie intimes. Sans être encore une véritable recherche du moi, une nouvelle dimension s'ouvre à la réflexion sur soi.

> À côté des cycles du temps cosmique et de l'ordre du temps socialisé, en opposition avec eux, l'apparition du temps tel qu'il est vécu subjectivement par l'individu : instable, changeant, menant inexorablement à la vieillesse et à la mort, temps subi dans ses renversements soudains, ses caprices imprévisibles, son angoissante irréversibilité. (p. 224)

Pour Vernant, toutes les expériences qui concernent l'individuation extérieure et intérieure – la promotion de la *singularité* de l'individu, l'*autonomisation* à l'égard des normes collectives et le développement de l'*agentivité*, le développement d'une *sphère privée*, et le tout début d'un *approfondissement de soi* – trouvent ainsi à la fois leur expression et le moyen de leur développement au niveau du langage.

On se rappelle les « explications » données par Vernant à ces transformations. Du point de vue des *techniques d'interaction sociale*, la poésie lyrique « transposerait » des plans politique, juridique et militaire aux plans cultuel, cérémoniel et privé, l'*autonomisation de l'individu* et la *promotion de l'agent* en cours au sein la Cité grâce aux mutations du système politique, du droit et de l'économie ; le *souci aristocratique de la singularité* qui s'exprimait déjà dans l'épopée héroïque ; et le développement de *sphères privées* « entre amis ».

Du point de vue des *techniques de retour sur soi*, le développement par la poésie lyrique d'un *sens intime du temps* « répondrait » à l'effacement, au moins pour certaines parties de la population, des « cycles du temps cosmique » et de « l'ordre du temps socialisé », qui dominaient jusque-là. Du fait de l'accentuation de la division du travail et de l'allongement de chaînes d'interaction, le retour rassurant des repères temporels d'autrefois aurait laissé la place à l'instabilité, l'imprévisibilité et l'irréversibilité du temps propre. Alors que la culture grecque de l'époque ignore partout ailleurs les notions d'un moi ou d'une identité métaphysique, religieuse ou morale propre, les poètes lyriques commenceraient « ainsi » à faire de *la vie intérieure* un nouveau centre d'intérêt, un nouvel espace peuplé de sentiments aigres-doux ou très puissants, liés manifestement au retrait des forces cosmiques et de leur ordre rassurant.

En même temps, Vernant ne se limite pas à ce genre d'explications qui va, par une sorte de causalisme pas tant faux qu'unilatéral, courant dans les sciences sociales et humaines, des mutations socio-économiques aux mutations langagières. On a vu l'importance qu'attribuent Vernant et Vidal-Naquet, dès les années 1970, au passage, chez les Tragiques, d'un langage, dont la transparence et la fluidité sont garanties par l'ordre cosmique et religieux, à *un langage ambigu et conflictuel*, dont les poètes vont pouvoir se faire désormais les interprètes et les artisans privilégiés. Et l'on a aussi noté le rôle pivot entre l'extérieur et l'intérieur, entre le jeu des interactions sociales et les pratiques de retour sur soi, que Vernant fait jouer, à la fin de sa vie, aux *nouvelles techniques du langage*, qui se propagent, précisément à la clarté de cette nouvelle obscurité, à travers des *transsujets* auxquels les locuteurs peuvent emprunter des *rhuthmoi* langagiers et les puissances qui leur sont associées.

> Formulé dans la langue du message poétique, ce que chacun éprouve individuellement comme émotion dans son for intérieur prend corps et acquiert une sorte de réalité objective. (p. 223)

Même si la description reste élémentaire, Vernant met ici le doigt sur un phénomène qui, en dépit de son caractère fondamental, n'est jamais pris en compte par les historiens, les sociologues, ni du reste les philosophes : en promouvant une plus grande autonomie et agentivité, en illustrant une singularité démocratisée, en s'appuyant sur le développement d'une sphère privée, en thématisant la sensibilité, les émotions, le temps intime, le *je* lui-même, les discours lyriques ne se contentent pas de « refléter » ou d'« exprimer », comme le dirait un réaliste, *de nouveaux aspects de l'expérience des autres et de soi*, ils ne se limitent pas non plus à « découper », comme le dirait un empiriste, dans le fourmillement du réel, *de nouveaux domaines extérieurs et intérieurs*, ni même à « problématiser », comme le dirait Foucault, de *nouveaux aspects de la vie*. Ils ne se réduisent ni à l'enregistrement d'une réalité subjective déjà-là, ni à la constitution au sein du monde d'un sujet jusque-là totalement inexistant, ni à la production d'un sujet par des pratiques et des énoncés le constituant consciemment comme leur objet.

La lyrique est certainement comme le dit Foucault, l'une des très nombreuses *tekhnaï* à partir desquelles « s'est formé le sujet occidental », mais, de nombreuses raisons empêchent de reprendre son approche telle quelle : *primo*, s'il est clair que la lyrique ne doit pas être isolée des pratiques sociales et corporelles avec lesquelles elle entre en interaction, elle doit être abordée en premier lieu comme une pratique particulière du langage et ses pouvoirs analysés en conséquence ; *secundo*, cette pratique dépasse largement le niveau des énoncés, elle concerne l'entièreté de l'activité langagière ou des rythmes des discours, au sens mis au jour par Meschonnic ; *tertio*, les sujets qu'elle produit ne sont pas posés comme des objets de problématisation extérieurs à ces discours, ils sont au contraire présupposés, souvent non thématisés et disséminés dans le réseau de ses valeurs sémantiques ; *quarto*, cette pratique est toujours assumée par une personne singulière, même si celle-ci n'est pas connue, personne qui est la première mais bien sûr pas la dernière à bénéficier de ses effets anthropologiques ; *quinto*, cette pratique pourra être reprise à leur compte par la suite par une longue chaîne de locuteurs, comme le feront encore bien des siècles plus tard Pétrarque, à l'orée de la Renaissance, et tous ses successeurs jusqu'à nos jours.

On peut donc considérer la lyrique, d'une certaine manière, comme participant d'une nouvelle « technique de vie » *(tekhnê tou biou),* liée à des techniques sociales (l'essor de la démocratie et du droit individuel, le développement de la sphère privée et des réunions entre amis) et corporelles (l'émergence d'une certaine diététique, d'un bon boire, d'un bon manger et d'une bonne façon d'aimer), mais il importe de souligner que ses effets anthropologiques sont aussi induits par un type de *pratique langagière* inédit, fondé sur l'accentuation nouvelle de certains éléments de l'*appareil formel universel de l'énonciation – je*, déictiques, temps verbaux, modalisations –, mais aussi sur un jeu nouveau avec toutes les *marques signifiantes* qu'offre le langage – différences de durée, accentuations, reprises, pauses, paronomases, échos vocaliques, allitérations, divisions rhétoriques, etc. – et doté, grâce à cela, d'une *performativité à la fois intrahistorique* et *transhistorique*, c'est-à-dire d'une capacité à susciter l'accession des locuteurs à un type nouveau de sujet dès l'époque où elle apparaît mais aussi dans des époques postérieures.

Au lieu de nous limiter aux *pratiques* corporelles et mentales de retour sur soi et aux *énoncés* qui les résument ou les guident, comme le propose Foucault, il nous faut donc aussi étudier les diverses formes de *transsujet* portées par les innombrables *manières d'organiser l'activité du langage*, c'est-à-dire leurs *rhuthmoi* linguistiques et poétiques, et en les considérant, par ailleurs, dans leurs rapports avec les *formes d'individuation* liées aux différentes pratiques d'interaction et de soi. Autrement dit, en introduisant une *linguistique* et une *poétique* du social dans l'anthropologie historique, on pourrait lui ouvrir de toutes nouvelles voies de recherche.

— En ce qui concerne Elias, nous avons vu que ses analyses concernant les techniques du langage sont restées, d'une manière générale, beaucoup moins poussées que celles concernant les formes d'interaction sociale ou les formes de retour sur soi. Elles ne débouchent, par ailleurs, jamais sur des considérations concernant la subjectivation, qu'elles confondent avec le moi. La littérature – c'est le cas, par exemple, pour certaines formes de la littérature aristocratique et pour une bonne partie de la littérature romantique – est ainsi présentée comme le simple reflet et l'outil d'une fuite du moi dans l'imaginaire.

Mais ses travaux ont toutefois mis en évidence un ensemble non négligeable d'informations concernant, d'une part, *le cadre sociolinguistique dans lequel se produit l'énonciation* et, de l'autre, les transformations *des pratiques* et *des conceptions du langage* : le soin apporté, en France, aux formes de la conversation dans la société de cour ; la normalisation très précoce de la langue sous l'égide de l'État royal et de l'Académie française ; l'assimilation du langage à un moyen de communication non problématique ; et la situation – inverse à tous points de vue – en Allemagne, où, en l'absence d'un modèle curial puissant, la conversation n'a jamais fait l'objet d'une attention aussi précise et exigeante qu'en France ; où l'effort principal a d'abord porté sur l'élaboration d'une langue commune qui n'a été normalisée que très tardivement ; et où, de ce fait, le langage a été considéré, d'abord, comme un problème et une activité dont les vertus communicationnelles faisaient l'objet de fortes interrogations, avec tous les bénéfices poétiques et théoriques qui découlaient de cette mise en question.

7. Aventures de subjectivation
et prolifération des modernités

Les éléments épistémologiques, théoriques et historiques qui viennent d'être rassemblés, ainsi que la conception du langage à laquelle ils s'adossent, jettent une lumière nouvelle sur la question de la subjectivation singulière et collective.

Celle-ci ne relève à l'évidence ni du modèle individualiste, couramment accepté, que ce soit pour le louer (Raymond Boudon, Guy Sorman, Alain Renaut) ou le critiquer (Louis Dumont, Pierre Manent), ni des modèles culturalistes (Ruth Benedict, Margaret Mead, Ralph Linton, Abram Kardiner) ou des modèles communautariens, de droite (Alain de Benoist) comme de gauche (Charles Taylor), qui sont souvent opposés à celui-ci, ni des modèles déconstructionnistes élaborés par certains courants des *queer studies* ou par des pensées alliant systémisme et esprit apocalyptique (Jean Baudrillard) en réaction à tous les précédents, ni des modèles traditionalistes, qui rejettent violemment ces derniers et posent le religieux, le grand Autre, l'extériorité absolue ou encore l'éthique réelle comme nécessaires au bon fonctionnement social et psychique, comme on en trouve aujourd'hui de plus en plus souvent l'affirmation chez des historiens (Marcel Gauchet), des médiologues (Régis Debray), des anthropologues (Lucien Scubla), des psychanalystes (Dany-Robert Dufour) ou encore des philosophes (Alain Finkielkraut).

L'histoire passée du sujet, comme son futur, sont irréductibles à l'épopée ou à la tragédie de l'individu, ou encore au roman et au lyrisme des peuples, des communautés ou des minorités, mais ils ne constituent pas non plus, des sortes de poèmes dada, des suites dépareillées de traces de mouvements impulsés par une simple profusion vitale et sexuelle, ou par les tourbillons chaotiques de la marchandise et de l'information, ni un drame relatant les affres d'une relation à un principe d'altérité aussi impérieux qu'inaccessible. De même que les conceptions modernistes démarquaient, sous des formes à peine rénovées, l'historicisme du XIXe siècle, et que les conceptions culturalistes et communautariennes pastichaient l'historisme qui, à partir du début du siècle suivant, s'est opposé à celui-ci, de même les nouvelles tendances déconstructionnistes et postmodernes reprennent à leur compte un vitalisme et un relativisme, illustrés depuis les années de l'entre-deux-guerres par l'aile la plus extrême des philosophies de la temporalité. De même encore, les récits néotraditionalistes ne font-ils aujourd'hui que reprendre un principe de transcendance, d'irréductible dissymétrie, d'altérité, qui leur vient directement d'une vision religieuse, plus ou moins déniée. Tous ces récits ne font que basculer d'une métaphysique dans une autre, basculement qui est rendu à chaque fois possible par l'absence de théorie du langage comme activité signifiante et subjectivante.

Dans la mesure où elles restent prisonnières d'une théorie du sens et de la subjectivation rudimentaire, les sciences humaines et sociales, mais aussi la philosophie, sont en effet amenées à s'enfermer – la réflexion de Dumont constitue de ce point de vue un cas d'école – dans des débats axiologiques extrêmement étroits. Leur unique enjeu serait l'acceptation ou le rejet de l'individualisme monadologique, ainsi que le rôle à redonner au religieux dans les sociétés contemporaines. L'homme moderne occidental représenterait le résultat d'une utopie réalisée, ce qui lui donnerait ce double caractère, nous l'avons vu, d'être à la fois *réel* et *artificiel*. Ainsi, pendant que les uns soulignent la réalité du « saut dans la liberté », les autres objectent qu'un tel saut se paie par une « anomie chronique » plus ou moins marquée, puisque toute égalisation des parties fait nécessairement exploser le tout qui les contient.

Du point de vue d'une anthropologie radicalement historique, c'est-à-dire d'une anthropologie *rhuthmique*, les choix auxquels nous sommes confrontés n'apparaissent pas en réalité aussi binaires, ni aussi réduits. Les individus et les sociétés ne doivent pas se prononcer seulement sur le primat à donner à l'individu monadologique ou au social, à la *Gesellschaft* ou à la *Gemeinschaft*, à l'égalité ou à la hiérarchie, à l'Occident ou au reste du monde, au passage et au jeu ou à l'emprise du système, à la liberté sans limites ou au respect des traditions, à ce monde-ci ou à l'autre. C'est, en réalité, à une vaste constellation de *formes de vie*, de formes d'individuation et de subjectivation, que nous avons affaire, formes qui pour certaines sont entièrement nouvelles, mais qui pour d'autres sont apparues au cours de la période moderne, et pour d'autres encore plongent leurs racines dans un terreau bien plus ancien, voire dans des expériences extra-occidentales.

La subjectivation, qu'elle soit du reste singulière ou collective, n'est ni moderne, ni antimoderne, ni postmoderne, ni *queer*, ni néoreligieuse. Elle est *la modernité* en acte. En ce sens, elle est universelle et se produit, en dépit de sa fragilité et de ses intermittences, toutes les fois qu'un individu singulier ou collectif accède à la position d'agent dans un champ donné, tout en utilisant et/ou en inventant les rythmes langagiers qui, à la fois, donnent sens à ce processus, assurent à cette position une certaine consistance et la rendent partageable et effectivement partagée. Elle constitue donc toujours *une aventure*, simultanément pratique et poétique, difficile et qu'il faut certes toujours recommencer à neuf, mais qui n'est jamais repliée sur elle-même et qui reste partout et toujours possible. Pour l'individu, singulier ou collectif, il n'y a pas d'accession au sujet qui n'exige qu'il se perde simultanément comme individu monadique et participe de et à la circulation de puissances langagières qui le traversent, le fortifient, mais aussi parfois le bouleversent ou le sortent de lui-même. En ce sens, devenir sujet, se transformer et agir éthiquement et politiquement, c'est tout à la fois subir, bénéficier de et contribuer à une circulation, toujours interrompue et toujours reprise : la circulation des sujets, qui est aussi construction des formes de vie et prolifération des modernités.

Bibliographie

BARBU Z. 1960, *Problems of Historical Psychology*, London, Routledge.

BENVENISTE É. 1948, *Noms d'agent et noms d'action en Indo-européen*, Paris, Adrien Maisonneuve.

BENVENISTE É. 1966, *Problèmes de linguistique générale I*, Paris, Gallimard.

BENVENISTE É. 1974, *Problèmes de linguistique générale II*, Paris, Gallimard.

DELEUZE G. & GUATTARI F. 1980, *Mille plateaux*, Paris, Minuit.

DELEUZE G. 1983, *L'Image-mouvement. Cinéma 1*, Paris, Minuit.

DELEUZE G. 1985, *L'Image-temps. Cinéma 2*, Paris, Minuit.

DESCOMBES V. 2004, *Le Complément de sujet. Enquête sur le fait d'agir de soi-même*, Paris, Gallimard.

DUMONT L. 1964, *La Civilisation indienne et nous*. Rééd. 1975, Paris, Armand Colin.

DUMONT L. 1966, *Homo hierarchicus. Le système des castes et ses implications*. Rééd. 1979, Paris, Gallimard.

DUMONT L. 1977, *Homo aequalis. Genèse et épanouissement de l'idéologie économique*, Paris, Gallimard.

DUMONT L. 1983, *Essai sur l'individualisme. Une perspective anthropologique sur l'idéologie moderne*, Paris, Le Seuil.

DUMONT L. 1991, *Homo aequalis II. L'idéologie allemande. France-Allemagne et retour*, Paris, Gallimard.

ELIAS N. 1939, *Über den Prozess der Zivilisation. Soziogenetische und psychogenetische Untersuchungen*, Bâle. Trad. fr. du to. I 1973, Paris, Calmann-Lévy, coll. Pluriel, Trad. fr. du to. II 1975, Paris, Calmann-Lévy.

ELIAS N. 1969, *Die höfische Gesellschaft. Untersuchungen zur Soziologie des Königstums und der höfischen Aristokratie*, Berlin, H. Luchterhand Vlg. Trad. fr. 1974, Paris, Calmann-Lévy.

ELIAS N. 1970, *Was ist Soziologie ?* Trad. fr. 1991, La Tour d'Aigues, Ed. de l'Aube.

ELIAS N. 1983, *Engagement et distanciation*. Trad. fr. 1996, Paris, Fayard.

ELIAS N. 1987, *Die Gesellschaft der Individuen*, Frankfurt am Main, Suhrkamp. Trad. fr. 1991, Paris, Fayard.

ELIAS N. 1987b, *Über die Zeit*, Frankfurt am Main, Suhrkamp. Trad. angl. 1992, Oxford, Blackwell.

ELIAS N. 1989, *Studien über die Deutschen. Machtkämpfe und Habitusentwicklung im 19. und 20. Jahrhundert*, hg. M. Schröter. Trad. ang. *The Germans. Power Struggles and the Development of Habitus in the 19th and 20th Centuries*, 1996, Cambridge, Polity Press.

ELIAS N. 1991, *The Symbol Theory*. Trad. it. 1998, *Teoria dei Simboli*, Bologna, Il Mulino.

FOUCAULT M. 1966, *Les mots et les choses*, Paris, Gallimard.

FOUCAULT M. 1975, *Surveiller et Punir*, Paris, Gallimard.

FOUCAULT M. 1976, *Histoire de la sexualité. 1. La volonté de savoir*, Paris, Gallimard.

FOUCAULT M. 1984a, *Histoire de la sexualité. 2. L'usage des plaisirs*, Paris, Gallimard.

FOUCAULT M. 1984b, *Histoire de la sexualité. 3. Le souci de soi*, Paris, Gallimard.

GERNET L. 1917, *Recherches sur le développement de la pensée juridique et morale en Grèce. Étude sémantique*. Rééd. 2001, Paris, Albin Michel.

GERNET L. 1982, *Anthropologie de la Grèce antique*, Paris, Flammarion.

GRANET M. 1934, *La Pensée chinoise*, Paris, La Renaissance du livre.

ISRAEL J. 2005, *Les Lumières radicales. La Philosophie, Spinoza et la naissance de la modernité (1650-1750)*. Éd. fr. 2001, Paris, Éditions Amsterdam.

LYOTARD J.-F. 1979, *La condition postmoderne*, Paris, Minuit.

LYOTARD J.-F. 1986, *Le postmoderne expliqué aux enfants*, Paris, Galilée.

MAUSS M., *Œuvres*. Ed. 1968-1969, Paris, Minuit, 3 vol.

Vol. I – *Les fonctions sociales du sacré*

Vol. II – *Représentations collectives et diversité des civilisations*

Vol. III – *Cohésion sociale et divisions de la sociologie*

MAUSS M. 1947, *Manuel d'ethnographie* (Cours de 1926 à 1939), 1967, Paris, Payot.

MAUSS M. 1950, *Sociologie et Anthropologie* (Recueil de textes), Paris, PUF.

MESCHONNIC H. 1975, *Le Signe et le Poème*, Paris, Gallimard.

MESCHONNIC H. 1977, « Langage, histoire, une même théorie », *N.R.F*, sept. pp. 84-97 et oct. pp. 11-124, Paris, Gallimard.

MESCHONNIC H. 1977-78, « La vie pour le sens, Groethuysen », *N.R.F*, nov. pp. 103-114, déc. pp. 100-108, janv. pp. 81-94, Paris, Gallimard.

MESCHONNIC H. 1978, *Poésie sans réponse. Pour la poétique V*, Paris, Gallimard.

MESCHONNIC H. 1982, *Critique du rythme. Anthropologie historique du langage*, Lagrasse, Verdier.

MESCHONNIC H. 1988, *Modernité Modernité*, Lagrasse, Verdier.

MEYERSON I. 1948, *Les Fonctions psychologiques et les œuvres*. Rééd. 1995, Paris, Albin Michel

MEYERSON I. (dir.) 1973, *Les Problèmes de la personne*, colloque organisé à Royaumont les 29 septembre-3 octobre 1960 par le Centre de Recherche de Psychologie Comparative, Paris, Mouton.

MEYERSON I. 1987, *Écrits (1920-1983). Pour une psychologie historique*, Paris, PUF.

TÖNNIES F. 1887, *Gemeinschaft und Gesellschaft*. Trad. fr. *Communauté et société. Catégories fondamentales de la sociologie pure*, 1977, Paris, PUF.

VAN GINNEKEN 1939, « *Avoir* et *Être* du point de vue de la linguistique générale », *Mélanges de linguistique offerts à Charles Bally*, Genève, Georg et Cie.

VERNANT J.-P. 1965, *Mythe et pensée chez les Grecs*. Rééd. aug. 1994, Paris, Maspero, 2 Vol.

VERNANT J.-P. & VIDAL-NAQUET P. 1972, *Mythe et tragédie en Grèce ancienne*, Paris, Maspéro.

VERNANT J.-P. 1979, *Religions, histoires, raisons*, Paris, Maspero.

VERNANT J.-P. 1989, *L'individu, la mort, l'amour. Soi-même et l'autre en Grèce ancienne*, Paris, Gallimard.

VERNANT J.-P. (dir.) 1991, *L'Uomo Greco*, Bari, Laterza. Trad. fr. 1993, Paris, Le Seuil.

VERNANT J.-P. 1995, *Passé et Présent. Contributions à une psychologie historique*, textes réunis par R. Di Donato, Roma, Ed. di Storia e Letteratura.

Index

www.ingramcontent.com/pod-product-compliance
Lightning Source LLC
Chambersburg PA
CBHW071924120726
48001CB00005B/1853